함께 만드는 마을교육공동체

함께 만드는 마을교육공동체

초판 1쇄 발행 2020년 3월 15일 **개정증보판 5쇄 발행** 2023년 5월 20일
글쓴이 고영직 외 **펴낸이** 현병호 **편집** 장희숙 **펴낸곳** 도서출판 민들레
출판등록 1998년 8월 28일 제10-1632호 **주소** 서울시 성북구 동소문로 47-15
전화 02) 322-1603 **이메일** mindlebook@gmail.com **홈페이지** www.mindle.org
ISBN 978-89-88613-95-5 (03370)

민들레 선집 **3** _ 개정증보판

삶과 동떨어지지 않은 배움을 찾아 ──

편집실 엮음

함께 만드는
마을교육공동체

학교와 지역의 경계를 허무는 다양한 움직임을 통해
삶이 곧 교육이 되는 마을학교, 공동체교육의 가능성을 살펴본다.

교육적 사회를 만드는 시민운동

요즘 초등학생들에게 태어난 곳을 물으면 산부인과 이름을 댄다지요. 사는 동네를 물으면 아파트 단지 이름을 대고요. 부모님 직장 따라, 아파트 전세 기간에 따라 어려서부터 이사를 다니는 유목 세대에게 '마을'은 어떤 의미일까요? 실시간으로 전 세계와 연결되는 디지털 세대에게 마을이란 어떤 의미로 다가갈까요? 도시의 익명성과 온라인의 무경계를 즐기는 이들에게 필요한 삶과 배움의 공간은 어떤 곳일지 질문을 던져봅니다. 이 질문이 마을교육운동의 중요한 시작점이 아닐까 싶습니다.

20여 년 전 생겨나기 시작한 많은 대안학교들은 온전한 교육의 실마리를 '마을'에서 찾곤 했습니다. 학교 울타리를 넘어 '사람과 삶'이 있는 마을 속에서 안전한 돌봄과 풍성한 배움이 가능하다고 믿었기 때문이지요. 시민의 자발성으로 마을을 꾸려오던 시기를 지나, 최근에는 교육청, 지자체를 중심으로 공공영역이 함께하는 '마을교육' 바람이 강하게 불고 있습니다.

그동안 국가가 책임져야 할 교육과 돌봄의 빈자리를 채워온 민간 영역에 뒤늦게나마 공적 예산을 투입하는 것은, 그간 애써온 시민들의 실천을 '공공화'하는 과정이라고도 볼 수 있겠습니다. 그간의 노력들이 '공익적인 활동'이었음을 증명하는 일이기도 하겠지요. 학교-학원-집의 트라이앵글 동선을 벗어나 아이들에게 '우발적 만남'과 '뜻밖의 배움'을 접할 기회가 늘어나는 건 반가운 일입니다. 흔히 그렇듯이 예기치 못한 경험, 우연한 만남이 우리를 새로운 삶으로 이끌기도 하니까요.

그럼에도 이 행보가 조심스럽습니다. 학교 교문을 나서는 아이들의 배움을 제대로 받아줄 수 있는 '교육적 사회'인가, 염려스럽기도 합니다. 누구나 교사가 될 수 있고, 어디나 배움의 공간이 될 수 있다는 말 속에 담긴 위험성을 간과하지 말아야 할 것입니다. 세상엔 아이들의 성장을 돕고자 하는 '선한' 어른들만 있는 건 아니니까요. 또한 시민의 자발성보다 정책이 앞서 '운동'과 '사업' 사이에서 방향을 잃고, 시스템의 관성에 밀려 배가 산으로 가지 않게 경계해야 할 시점인 듯합니다.

그간 격월간 『민들레』에 실렸던 마을교육 이야기들을 한 권의 책으로 묶어냅니다. 의미 있는 마을 배움을 실천해온 시민들의 사례도 있고, 마을교육공동체 운동의 흐름이나 민관 협치의 방향에 대한 고민 등을 두루 살펴보실 수 있습니다. 부디 이 흐름이 학교와 사회, 민과 관의 선명한 경계를 허물고, 자본 중심의 공고한 사회질서를 해체해 '교육적 사회'를 만드는 시민운동으로 이어지길 기대합니다.

올해 초 초판을 펴낸 뒤, 첫 글 '마을운동과 교육운동'(현병호)에서 현장 사례를 보완하고, 코로나 팬데믹을 겪으면서 '마을교육공동체의 의미와 역할'을 묻는 새로운 글 한 편(이하나)을 말미에 보태어 개정증보판을 펴냅니다. '로컬'의 개념이 새롭게 다가오는 이 시대에 필요한 마을교육의 방향을 함께 가늠해볼 수 있으면 좋겠습니다.

2020년 11월

장희숙(『민들레』 편집장)

엮은이의 말　교육적 사회를 만드는 시민운동

1

**마을교육,
운동과 사업
사이에서**

2

**마을에서
함께 배우고
성장하는
사람들**

1부
마을교육, 운동과 사업 사이에서

마을운동과 교육운동

아이, 마을의 연결고리

태곳적부터 사람들은 마을을 이루고 살아왔다. 아주 오랜 세월을 씨족사회로 지내왔고, 부족사회를 거쳐 국가체제를 이루게 되었지만, 농경에 기반을 둔 전통마을은 20세기까지도 씨족사회인 경우가 많았다. 하지만 산업사회로 접어들면서 전통마을은 빠르게 해체되었다. 넓은 의미에서 마을을 '말이 서로 통하는 사람들의 공동체'라 정의한다면, 말이 표준화되면서 마을의 경계 또한 자연스럽게 확장되고 모호해졌다.

현병호 _ 『민들레』 발행인. 이 글은 『민들레』 83호에 실린 글을 보완한 것이다.

이는 단순히 표준화와 도시화의 결과가 아니다. 교통과 통신의 발달은 마을을 기능적으로 분화시켰다. 집에서 멀리 떨어진 곳에 일터가 있고, 직장인들은 일터를 중심으로 움직인다. 또 이전에는 마을 안에서 마을사람들끼리 하던 일들을 이제는 다양한 네트워크를 통해 해소하고 있다. 수많은 동호회들이 기존에 마을이 감당하던 놀이와 사교 무대를 대신하고 있고, 교회는 도시나 시골을 불문하고 또 하나의 마을처럼 기능하고 있다.

교통과 통신의 발달은 마을의 개념도 바꿔놓고 있다. 자연출산에 관심 있는 이들의 온라인 커뮤니티인 '자연주의출산가족모임' 안에 2015년 청양띠 아기를 둔 부모들의 소모임 회원들은 스스로 '자출면 청양리 주민'이라 일컫는다. 전국에 산재한 회원들이 한 해 100회가 넘는 번개 모임을 가질 만큼 시시때때로 모여 서로 도움을 주고받는다. '마을이 아이를 키운다'는 개념은 오늘날 새롭게 조명될 필요가 있다. '청양리'는 도시에서 독박육아의 함정에 빠져 시들어가던 엄마들이 스스로 뚫어낸 숨통으로, 인터넷 시대 온오프 마을의 좋은 사례다.

오늘날에는 지역성이 희박해도 이처럼 상호작용이 활발한 커뮤니티들이 많이 있다. 뿌리를 내린다는 것은 장소성의 의미가 크지만, 더 본질적으로는 어떤 관계망 속에 들어가는 것이다. 나무가 뿌리를 내림으로써 주변 환경과 긴밀하게 상호작용하듯이 긴밀한 관계망 속으로 들어가 활발히 소통하는 것이 곧 뿌리를 내리는 것이라고 할 수 있다.

사실 오늘날 도시에는 마을공동체의 필요성을 느끼지 못하는 이들이 많다. 우리 사회의 경우 개인과 가족 중심의 효율성을 우선하는 아파트라는 주거 형태가 마을공동체 형성을 가로막는 큰 요인이기도 하다. 더욱이 많은 사람들이 2년마다 이사를 가야 할 만큼 주거의 안정성이 보장되지 않는 사회이다 보니 도시에서 마을공동체라는 말은 낯설기 짝이 없다.

이런 사회에서 새삼 '마을'이 화두로 떠오르는 것은 다들 외로움에 지친 때문일까. 외로움은 도시의 익명성이 주는 자유로움에 동전의 양면처럼 따라온다. 아이를 키우면서 힘든 경험을 많이 하는 엄마들이 더 적극적으로 마을 살리기에 나서고 있다. 초원의 동물들과 마찬가지로 인간도 새끼를 돌보기 위해서는 무리를 짓지 않을 수 없다. 힘센 사자나 호랑이처럼 어미의 힘만으로도 새끼를 기를 수 있는 사람들은 마을 따위에 관심을 두지 않겠지만, 약한 동물들은 무리를 지어 새끼를 함께 기르는 것이 안전하고 힘이 덜 든다는 것을 안다. 그래서 서울 같은 대도시에서도 아이들을 같이 돌보고자 하는 필요에 의해 마을이 살아나고 있다. 아파트촌에서도 아이들이 매개가 되어 이웃이 만들어진다. 아이들은 어른들을 잇는 연결고리다.

마을이 살아나기 위해서는 교육이 살아나야 하고, 교육이 제대로 살아나기 위해서는 또 마을이 살아나야 한다. 배움터, 학교는 마을의 심장과 같은 존재다. 피를 돌게 하는 역할을 한다. 근대화 과정에서 학교가 마을과 분리되면서 마을은 핏기를 잃어가기 시작했다. 돈도 사람도 중앙으로 빨려 들어가면서 지역은 빈사 상태에 놓이고, 학교 또한 죽어가고 있다. 그렇게 죽어가는 학교가 살아나는 것이 마을이 살아나는 필요조건이긴 하지만, 충분조건은 아니다. 교육은 학교에서만 일어나는 일이 아니기에 그렇다. 학교 살리기는 '공교육 정상화'라는 이름으로 시도되는 '근대학교의 부활'이 아니라, 학교 같지 않은 학교로 거듭나는 것이어야 한다. 그리고 더 나아가 마을이 커다란 학교가 될 때 교육은제 모습을 찾고 마을도 제대로 살아날 것이다.

도시에서 마을과 아이들 살리기

아이들을 마을이 함께 키워야 한다는 자각에서 비롯되는 다양한 움직임들이 전국적으로 활발하게 나타나고 있는 것은 상당히 고무적이다. 공단이 밀집해 있는 경기도 안산의 와동과 선부동 지역아동센터에서 벌이고 있는 일들은 지역에서 소외되고 있던 아이들이 먼저 마을 어른들에게 손길을 내밀면서 인정도 받고 스스로 자긍심을 느낄 수 있도록 하려는 취지에서 기획되었다. 아이들이 동네 정원을 대신 가꾸어주기도 하고, 공원을 찾는 어른들에게 차를 대접하면서 먼저 소통의 물꼬를 트는 역할을 하고

있다. 또 본받을 만한 어른들과 지역의 문화재를 찾아서 '동네문
화재'로 선정해 책자도 만들면서 칭찬이 되돌아오는 칭찬의 선순
환 구조를 만들어내고 있다.

서울 성산동 성미산마을, 우이동 재미난마을, 상도동 성대골마
을처럼 도시에서도 아이들을 매개로 마을이 살아나는 곳들이 적
지 않다. 일터는 마을과 분리되어도, 육아는 마을과 분리되기 어
렵기 때문일 것이다. 하지만 공동육아어린이집과 그 연장선인 대
안학교를 연결고리로 만들어지는 마을의 경우, 육아를 위해 모여
든 젊은 부모들과 기존 지역 주민들이 어우러지기가 쉽지 않다.
그런 점에서 성대골의 경우는 좀더 열려 있는 마을이다. 마을도
서관과 방과후 학교를 열어 지역 아이들 누구나 다닐 수 있게 하
고, 마을카페와 마을목공소를 만들어 공유공간을 넓히는 작업을
꾸준히 하고 있다. 지역의 공립 초등학교인 상도초등학교는 2부
제 수업을 해야 할 만큼 과밀 학교였는데, 건물을 신축하면서 교
육환경도 좋아졌다. 아이들을 함께 돌보면서 지역도 살려내고 있
는 좋은 사례다.

대도시 서울에서 마을공동체의 모습을 갖추어가는 곳만도 20
여 곳에 이르고, 그 싹이 보이는 곳은 90여 군데에 이른다. 성미
산마을이나 재미난마을처럼 공동육아를 모태로 마을을 만드는
사례도 있고, 은평구에서 시도하는 '숲동이놀이터'처럼 품앗이
육아 방식으로 느슨한 육아공동체를 구현하는 곳도 있다. 군포와

과천에서 시도되고 있는 '엄마친구네'는 사회적기업 형태로, 아이를 기관에 맡기지 않고 협동해서 돌보는 도시형 마을육아 모델이다.[1]

도시에서 시도되는 마을 만들기는 육아를 매개로 하는 경우가 많지만, 용인 지역의 문탁네트워크처럼 인문학공동체를 지향하는 성인들의 필요에 의해 마을을 이루는 사례도 있다. 우정과 지성이 살아 숨 쉬는 공동체를 지향하는 문탁 사람들은 국가 이전의 마을이 아닌 국가를 넘어선 마을을 만들고자 한다. 마을식당을 열고, 마을교사를 양성하여 지역의 청소년과 청년들을 위한 배움터를 연다. 함께 책을 읽고 세미나를 하면서 마을이 곧 학교가 되는 마을교육공동체의 새로운 모델을 만들어가고 있다.

마을은 사회안전망의 역할을 하기도 한다. 부모가 끼니를 챙기기 힘든 아이들을 위해 마을에 어린이식당을 여는 지역이 늘어나고 있는 것도 주목할 만하다. 어린이식당은 자연스럽게 마을식당이 되면서 훌륭한 마을 공유지 역할을 한다. 아이들을 돌보는 일은 곧 사회의 약자를 돌보는 일이기도 하다. 약자를 돌보는 만큼 그 공동체는 튼튼해진다.

오늘날 교회가 일부 사회안전망 역할을 하기도 하지만, 계층의 벽을 넘어 공동체를 이루기는 쉽지 않다. 시혜 차원에서 내미

---

1 돌봄 공유지를 만드는 마을기업, '엄마친구네', 『마을육아』, 민들레, 2017

는 온정의 손길이 '마을'이라는 삶의 근거지를 대신하기는 힘들다. 국가가 제공하는 사회안전망에만 기댈 수도 없는 만큼, 가난한 이들끼리 서로를 도울 수 있는 시스템을 만들 필요가 있다. 신협, 지역통화 같은 대안 경제 시스템을 구현하는 것도 한 방법이다. 쪽방촌으로 유명한 서울 용산구 동자동에서도 2010년에 주민들이 자활을 위해 공제협동조합을 만들어 담보 없이 대출을 해주는 '문턱 없는 은행'을 열었다.

서울에서 마을 만들기 사례가 아직 없는 곳은 강남구와 서초구, 중구라고 한다. 업무지구가 많은 중구나 서초구의 경우는 구조적 한계가 있지만 주거 비율이 높은 강남구의 경우는 다르다. 굳이 마을을 이룰 필요를 못 느끼는 이들이 많기 때문일 것이다. 다들 호랑이나 사자들처럼 고독하게 사는 걸까. 아니면 인맥과 혼맥으로 끼리끼리 커뮤니티를 만들어 지구촌을 마을 삼아 재미나게 살고 있을까. 글쎄다. 아무리 생각해도 사자보다는 얼룩말들이 더 재미나게 살고 있지 않을까.

시골 마을과 아이들 살리기

21세기 이 땅에서 공동체성이 살아 있는 대표적인 농촌 마을을 꼽는다면 충남 홍성 홍동면을 들 수 있을 것이다. 홍동을 살린 힘은 풀무학교에서 나왔다고 해도 과언이 아니다. 주형로 씨를 비롯한 마을 일꾼들 대부분이 풀무학교 졸업생들이다. 지난 50여 년 동안 교육철학을 지키면서 아이들을 건강한 청년으로 길러낸 풀무학교는 지역의 활기를 더하는 데 구심 역할을 해왔다. 칠팔십년대 대학생 농활이 한창일 때 홍동으로 농활 온 이화여대 학생들 중 십여 명이 그 청년들과 결혼하여 지역에 뿌리를 내린 것도 홍동의 활기를 더했을 것이다.

한살림운동의 발원지인 원주도 지역운동이 활발한 편이지만 홍동면만큼 활기를 띠지 못하고 있는 것은 지역운동의 중심 역할을 하는 풀무학교 같은 학교가 없었기 때문이라고 볼 수 있다. 장일순 선생이 서울대학을 중퇴하고 귀향하여 사재를 털어 원주 시내에 설립한 대성중고등학교는 풀무학교보다 4년이나 일찍 문을 열었지만 우여곡절 끝에 평범한 사립 인문계 학교가 되고 말았다. 풀무학교처럼 시골 구석에서 별 볼일 없는 농업학교로 시작했더라면 상황이 달라졌을까. 대성학원이 장일순 선생의 정신이 살아 있는, 지역 일꾼을 길러내는 학교가 되었더라면 원주가 사뭇 다른 모습으로 바뀌었을 것이다.

50여 년 뒤 장일순 선생의 정신을 잇고자 하는 대안학교들이 원주에 생겨났지만 지역에 온전히 뿌리를 내리지는 못했다. 역사도 짧을 뿐더러 대부분의 기숙형 대안학교들처럼 도시 아이들이 다니는 학교이다 보니 한계가 있을 수밖에 없다. 지역에 뿌리를 내리고 살 수 있는 사람은 그 지역 출신 아이들이다. 대안학교가 마을과 하나가 되려면 그 지역의 아이들을 받아들일 수 있어야 한다. 그러자면 두 가지 문제가 있다. 무엇보다 학비를 감당하기 어렵고, 여력만 되면 대도시로 나가기를 바라지 시골의 비인가 학교에 아이를 보낼 지역 주민이 거의 없다는 점이다.

바람직하기로는 공립학교를 개혁하여 마을학교로 만들 수 있으면 좋겠지만, 쉬운 일은 아니다. 시골의 기존 학교가 지역 일꾼을 길러내기란 기대난망이다. 도시화와 세계화의 흐름이 점점 거세져서 아이들이 시골이나 지역에 뿌리를 내리기가 더 힘들어졌다. 귀농 귀촌한 사람들이 지역에 정착하고 그 자녀들이 그곳 학교를 나와서 지역 일꾼으로 성장하지 않으면 지역이 살아나기는 쉽지 않을 것이다. 세계화의 폐해를 막는 길이 지역성을 살리는 데 있다고 본다면, 풀무학교처럼 그 지역에 깊이 뿌리 내린 학교들이 늘어나야 한다.

도시 아이들이 시골의 학교를 다니면서 농촌생활을 경험할 수 있는 농촌유학도 아이들과 마을을 살리는 좋은 방안이 될 수 있다. 현재 전국에 20여 군데 현장이 유학생들을 받고 있고, 그 수는 꾸준히 늘고 있다(『민들레』 통권 80호 특집 참조). 도시 아이들에게 건강한 시골살이를 경험하게 하고, 농촌지역도 활기를 띠게 하는 일석이조 효과를 거두고 있다. 하지만 농촌유학을 통해 그 지역에 뿌리를 내리고 살 사람을 기르기는 힘들다. 도시 뒷바라지만 하는 일이 되지 않도록, 지역 아이들에게 도움이 되는 쪽으로 방향을 잘 잡아야 할 것이다.

새롭게 만들어지는 농촌마을은 예전의 마을과는 다른 모습의 마을일 것이다. 전통적인 마을보다 더 평등하고 더 따뜻한 마을을 만들 수도 있다. 주거환경도 개선하고, 이웃관계가 좋아질 수 있도록 마을 구조를 설계하고, 그동안 시행착오를 거듭하면서 배운 만큼 좀더 현명한 방식으로 좋은 모델을 만들어볼 일이다. 노인들을 비생산 인구로 치부하여 복지의 대상으로만 볼 것이 아니라 사회구성원으로서 제 역할을 할 수 있는 마을을 만드는 길도 있다. 완주에서 시도하고 있듯이 중소도시 근교에 노인들이 힘에 부치지 않게 텃밭농사를 지어 건강한 먹거리를 자급하고 읍내에서 팔 수도 있는 시스템을 갖추면 노인들도 건강한 노후를 보낼 수 있고 지역 사람들도 더 건강해질 수 있다.

어깨 걸기 전에 마주 보기

최근의 마을 만들기 움직임을 살펴보면 어린 시절 마을에 대한 향수가 남아 있는, 한때 '386세대'라 불렸던 민주화운동 세대의 활약이 두드러진다. 그들도 이제 어느덧 오십대에 접어들었다. 평균수명 100세 사회에서 오십은 청춘이라 자위하지만, 명퇴당한 청춘이 어디 있는가. 이제는 노후를 준비해야 하는 시기에 이른 것이다. 여생이라 하기에는 너무 긴 시간이 앞에 있다. 노후를 국가가 제공하는 복지의 안전망에 기대기보다 인간적 유대로 엮인 안전망을 만들어가는 것이 더 바람직할 것이다. 그런 점에서 마을 만들기는 사회안전망의 대안으로서도 주목할 만하다. 마을은 아이들에게도 노인에게도 안전한 삶터다.

하지만 도시든 시골이든 함께 어울려 사는 일은 쉽지 않다. 도시의 마을들도 시끌시끌하지만, 귀농 귀촌자들이 많은 마을일수록 말도 많고 탈도 많다는 소문이 들려온다. 마을살이는 결코 낭만적이지 않다. 철학자 레비나스가 말했다. 우리는 서로 어깨를 걸기 전에 먼저 서로를 마주보아야 한다고. 민주화 세대는 어깨를 거는 일은 잘했지만 마주보는 데는 서툰 편이었다. 마주보려면 자신을 드러내야 하고, 그렇게 드러난 서로의 모습을 감당할 수 있어야 한다. 그런 다음에야 진정한 연대가 가능하다. 마을도 마찬가지일 것이다. 기실 마을이란 우리가 '만들' 수 있는 것이 아니라 그렇게 살아가는 가운데 자연스럽게 '만들어지는' 그 무엇이 아닐까.

(vol. 85, 2013. 1-2)

환대하는 마을공동체와 그 적들

라다크 마을공동체의 붕괴

2012년, 경남 고성군의 한 마을이 경매 매물로 나왔다는 보도가 있었다. 2008년 전후로 공장부지 조성업체인 한 중공업으로부터 60억 원 이상의 보상금을 받고 마을주민들이 토지와 건물 등의 소유권을 넘긴 것이 화근이 되었다. 고성군에 따르면 언론에 알려진 게 실제 진상과는 다르다지만, 여하튼 마을도 언제든지 경매에 부쳐 사고팔 수 있는 세상이 되었다.

고영직 _ 문학평론가. 사람은 이야기로 구성된다고 믿는 인문주의자. '베트남을 이해하려는 젊은 작가들의 모임' 대표와 한국문화예술교육진흥원 이사로 활동하고 있다. 『인문적 인간』 외 여러 권의 책을 썼다.

그러나 이 일화는 우리가 살고 있는 자본주의 세상에서 어쩌면 너무나 정당한 거래로 취급되며 더 이상 뉴스 가치로서의 의미조차 갖지 못하는 것이 아닐까. "토지, 노동, 화폐는 상품이 될 수 없다"고 한 경제인류학자 칼 폴라니의 주장은 자본주의의 가공할 '상품화' 경향 앞에서 속절없이 무너졌다. 마이클 샌델이 『돈으로 살 수 없는 것들』에서 "우리는 시장경제를 가진 사회에서 시장사회를 이룬 시대로 휩쓸려왔다"고 말하는 것도 무리는 아니다. 시장사회는 시장과 시장가치가 원래는 속하지 않았던 삶의 영역으로 팽창하는 것을 의미한다. 이 점에서 위 마을의 일화는 2008년 미국발 금융 위기를 전후해 상환 능력 이상으로 돈을 빌려주는 금융권의 '약탈적 대출' 정책으로 인해 하루아침에 하우스푸어 신세가 된 채무노예들의 처지에 비하면 차라리 낫다고 말해야 할까. 미국의 2대 대통령을 지낸 존 애덤스가 "한 나라를 예속시키는 방법은 하나는 칼로 하는 것이고, 다른 하나는 빚으로 하는 것이다"라고 한 말이 우리들 각자의 내면에 요즘처럼 '공포'의 이미지로 체감되는 시절도 없는 듯하다.

『오래된 미래』 저자로 유명한 헬레나 노르베리 호지가 다큐멘터리 영화 〈행복의 경제학〉과 같은 제목의 책에서 전하는 히말라야 라다크 사람들의 마음 변화에 관한 예화는 좋은 참조점이 된다. 라다크를 방문한 초창기만 해도 마을 청년에게 여기서 가장 가난한 집을 보여달라고 했을 때, 그는 "여기에는 그런 집이 없어요"라고 딱 잘라 말했다. 그러나 10년 뒤 그 청년은 여행객들에게 "우리를 도와주셨으면 해요. 우리는 너무 가난해요"라고 말하더라는 것이다. 제국주의 식민주의 정책에서 세계화의 얼굴로 변장한 서구 문명에 대한 라다크 사람들의 선망의 문화가 근대화를 해야 한다는 심리적 압박과 문화적 열등감을 부추기며 자기혐오라는 쓰디쓴 감정의 구조를 견고히 내면화하도록 독촉했던 것이다. 이런 감정의 분위기가 지배하는 라다크 사회가 자신의 고유한 문화였던 자급자족과 협동 그리고 교환에 기반을 둔 경제 시스템을 스스로 붕괴시킨 것은 말할 나위 없다. 오히려 마을공동체가 남아 있는 것이 이상하다고 해야 할까.

왜 이런 현상이 일어났는가. 1970년대 중반 히말라야 오지마저 갑자기 외부 세계에 개방되면서 라다크 사회가 세계 자본주의 체제의 하위체제로 편입된 결과라고 볼 수 있다. '세계화'의 결과였다. 역사적으로 볼 때, 세계화는 제국주의적 식민지화, 식민지 독립과 개발, 무역 자유화 같은 세 단계의 과정을 거치며 오늘에 이르렀다고 할 수 있다. 현재 우리가 사는 세상은 세계은행, 국제통화기금IMF, 세계무역기구WTO 같은 초국적 금융기구들이 무역 자유화라는 이름으로 세계화의 흐름을 주도하는 시대라고 할 수 있다.

이러한 초국적 자본이 주도하고 개별 국가가 지지하는 세계화에 맞서는 길은 '지역화' 전략이다. 지역(마을) 공동체와 상호

부조의 가치를 재발견함으로써 회복의 경제학과 행복의 경제학을 추구해야 하는 것이다. 더글러스 러미스의 '대항발전counter-development'이나 영국 정치학자 요르크 프리드리히스의 '부드러운 몰락' 같은 개념들이 최근에 부상하는 이유가 여기에 있다. 영원한 성장이라는 신화를 넘어 피크오일 이후의 탈성장·저성장 시대 혹은 성장의 종언 시대를 준비하는 지역화와 분권화야말로 경제소국-문화대국의 반反성장 복지국가를 실현할 수 있는 거의 유일한 대안일 수 있기 때문이다.

　D. 러미스에 따르면 대항발전이란 '줄이는 발전'이고, '경제 이외의 것을 발전시키는 것'이다. 교환가치가 높은 것을 줄이고, 사용가치가 높은 것을 늘리는 과정이다. 포스트 석유 시대를 예측하며 제시된 '부드러운 몰락'이란 현재의 공업사회 및 자유무역의 붕괴 시대에 "사람들은 부드럽게 몰락해야 한다"는 문제의식이 응축된 개념이다. 김종철 『녹색평론』 발행인이 어느 글에서 우리가 행복하지 못한 이유는 '경제성장에도 불구하고'가 아니라 '경제성장 때문에' 그렇게 되었다는 개안開眼과 회심回心이 필요하다고 촉구한 것과 깊은 관련이 있다고 말할 수 있으리라. 이 점에서 삶의 근거지인 동시에 운동의 근거지로서 지역과 마을을 상상하고 사유하며 실천하는 일은 그 어느 때보다 중요하다. 우리가 마을과 마을공동체 그리고 마을자치에 관한 이야기를 하는 것도 이러한 이유 때문일 것이다.

위민^{爲民}에서 여민^{與民}으로

지역화와 분권화는 우리 시대의 화두라고 할 수 있다. 최근 유행처럼 번지는 마을 만들기 정책담론과 사업들은 정부 및 지자체의 행정과 재정이 더 이상 콘크리트 예산에 투입되는 방식이 아니라 '사람 예산'에 쓰여야 한다는 사회적 합의를 반영한 의미 있는 진전이라고 볼 수도 있다. 정부와 지자체가 뉴타운 같은 도시 재개발이 아니라 도시 재생으로 선택의 폭을 넓히고, 마을공동체를 살릴 수 있는 커뮤니티 비즈니스를 지원해야 한다는 인식의 변화가 확산된 결과라고 할 수 있다. 어느 시인이 썼듯이 뉴타운 건설로 인해 "건물은 높아졌지만 인격은 낮아졌다"고 확언할 수 있기 때문이다.

이 점에서 박원순 시장 취임 이후 시정의 핵심 과제로 마을공동체 사업을 설정한 서울시의 정책 변화는 주목할 가치가 있다. 서울시는 2012년 마을공동체위원회를 구성하고, 마을공동체종합지원센터를 만들었으며, 7월에는 〈서울특별시 마을공동체 기본계획〉을 발표하며 마을 만들기 사업에 박차를 가하고 있다. 서울시는 기본계획안에서 마포구 성미산마을, 강북구 삼각산재미난마을 같은 다양한 돌봄과 육아의 공동체 마을을 조성하여 마을 사람을 키우고^人, 마을살이를 함께하며^生, 새로운 민관 협력의 모델^協을 만들겠다고 밝혔다. 사람 사는 재미가 있는 행복한 서울,

서로 돕고 살아가는 지속가능한 서울을 위해 마을공동체 사업을 실현하겠다는 정책의지를 천명한 것이다.

이에 따라 서울시는 마을강사를 육성하고, 마을사업을 공모하여 지원하며, 424개 자치회관에서 활동하는 49개 마을공동체 우수사례를 발굴하여 『서울, 마을을 품다』 같은 사례집을 제작해 보급하고 있다. 이 사례집에는 구로구 구로시민센터, 서대문구 홍제3동 개미마을, 성북구 삼선동 장수마을 같은 15개 자치구의 마을 만들기 사례들이 소개되었다. 아래로부터의 자치를 통해 만남과 상호 돌봄이 가능한 후기 근대적 '도심 마을'을 조성하여 토건국가적이고 경찰국가적인 지향성을 돌봄 사회와 생산적 복지체제로 전환하는 대안을 제시해야 한다는 문제의식의 소산이다. 책을 기획한 조한혜정 교수는 "중요한 것은 우리가 스스로를 돌보고 더불어 돌보면 새로운 공공영역이 만들어진다는 '자조自助, 공조共助, 공조公助'의 신념을 공유하는 일일 것"이라고 역설한다.

맞는 말이다. 문제는 행정이 주도하는 정책 담론과 사업은 질주하는 데 반해, 풀뿌리 현장에서는 마을사업을 통해 주민자치를 실현할 수 있는 사람과 네트워크와 시스템의 부재로 인해 너도 나도 아우성친다는 점이다. 국가(및 지자체)의 분권이 시민사회의 참여와 협력의 강화로 이어지지 않고 오히려 시장의 강화로 이어지는 현상은 무엇을 말하는가. 주민들의 참여도 없고, 실질적인 참여도 보장하지 않는 현재의 과정 없는 거버넌스는 언제든지

'배반의 거버넌스'가 될 수 있다는 점을 경계해야 마땅하다.

하승우는 『민주주의에 反하다』에서 "일본의 경우 민관 협력 사업이나 마을 만들기 등이 시민 참여를 시민 동원으로 바꿔버렸다는 지적도 있다"고 언급한다. 정부(및 지자체)가 시민의 아이디어나 자원활동만을 요구하고, 기획이나 평가 단계에서는 시민 참여를 허용하지 않았기 때문이다. 기술관료와 전문가들이 결탁한 기술관료주의를 정당화하는 틀이 되기 쉬운 현재의 거버넌스 시스템에 대해 이른바 '거버넌스의 민주화'가 필요하다고 주장하는 것도 무리는 아닐 것이다. 주민 참여 예산제, 정보공개 제도, 주민소환제 같은 제도들의 실질적인 내실화는 물론이요, 주민들 스스로 마을을 가꾸고 운영할 수 있는 마을 주체들의 형성을 위해 주민자치센터와 주민자치위원회의 위상 강화 같은 조례제도 정비와 지원 대책이 필요한 것은 말할 것도 없다.

그러나 더 중요한 것은 마을 만들기 사업을 추진하는 정부와 지자체의 시각이 여전히 위민爲民의 정치학에 기초하지는 않았는지 근본적인 성찰을 해야 한다는 점이다. 주민 주체성과 정치(자치)의 자율성을 추구하며 민중들과 더불어 함께할 수 있는 여민與民의 정치체제를 구축해야 하기 때문이다. 『우리에게 유교란 무엇인가』를 저술한 배병삼에 따르면, 맹자가 꿈꾼 여민의 세계는 상대방을 소외시키거나 대상화하지 않는 것, 즉 '위하여' 살지 않는 것이라고 말한다. 한마디로 말해 '위하여-논리'를 배격하자는 것이다.

그러나 실제 마을 만들기 사업 현장에서 이러한 여민의 정치학을 발견하는 것은 여전히 어렵다. 농산어촌을 대상으로 한 체험마을 중심의 마을 만들기 정책사업에서 특히 그 폐해가 심각한 것으로 나타났다. 김재호는 『민속연구』에 발표한 논문 「마을 만들기 정책사업 비판」에서 농가 소득을 향상시키는 방법으로 도입한 그린 투어리즘green tourism의 실상을 낱낱이 고발하며 신랄한 비판을 가한다. 처음부터 정부의 관 주도로 그린 투어리즘 사업을 진행하고 오로지 양적 평가만을 고수함으로써, 이 땅의 농산어촌을 도시인들을 위한 상품화의 자원으로 격하시켰다고 주장한다. 요컨대 철학 없는 정책사업이 되었다는 주장이다.

이런 주장을 접하다 보면, 우리는 2000년대에 본격화된 마을 만들기 사업이 1970년대 새마을운동의 21세기 버전 아니냐는 비판적 견해를 떠올리지 않을 수 없다. 1970년대 새마을운동을 민중사의 관점에서 연구한 역사학자 김영미는 『그들의 새마을운동』에서 "새마을운동 이전에 새마을이 있었다"면서 "새마을운동은 청년들이 농촌에서 잘 살 수 있다는 희망을 갖게 하는 데 실패했다"고 말한다.

새마을운동은 과연 성공적인 농촌 근대화의 모델을 창출했는가? 새마을운동으로 한국의 농민은 자본주의 사회에서 경쟁력을 갖춘 주체가 되었는가? 과연 박정희 정부가 그렇게 강조한 스스로의 힘으로 서는 '자조'하는 농민이 되었는가? 혹시 말로만 자조를 외치고 실제로는 국가의 명령에 복종하는 타율적 주체를 양산하고 있지는 않았는가? 새마을운동이 근대화를 앞당겼다는 평가와 함께 우리가 물어야 하는 질문은 바로 근대화의 질에 대한 것이다. _ 김영미, 『그들의 새마을운동』, 푸른역사, 2009, 373쪽.

그럼에도 불구하고 국가(및 지자체)는 왜 이런 일을 되풀이하는가? 이 질문에 답하는 것은 결국 마을 만들기 사업이 21세기 변종의 새마을운동으로 전락 내지는 좌초하지 않기 위해서라도 필요하다. 제임스 C. 스콧은 『국가처럼 보기』에서 가독성과 단순화를 추구하는 국가 주도의 사회공학은 네 가지 요소의 치명적인 결합을 되풀이함으로써 이런 문제가 반복적으로 발생한다고 풀이한다. 자연과 사회에 대한 행정적 질서화, 하이 모더니즘 이데올로기, 권위주의적 국가, 국가의 이러한 계획에 저항할 능력을 상실한 기진맥진한 시민사회, 이 네 가지 요소들이 결합되면서 하이 모더니즘적 혹은 계획적 사회 질서가 '제국주의적' 양태를 보이는 국책 사업이 지속된다는 것이다. 1970년대 새마을운동이 그러했듯이, 2010년대 마을 만들기 사업 또한 이 점을 성찰하지 않는다면 똑같은 과오를 범하지 말란 법이 없다. 이 점에서 제임스 C. 스콧이 국가 주도의 하이 모더니즘을 방조하는 '기진맥진한 시민사회'를 언급한 대목에 각별히 주목해야 마땅하다. 자발성, 자율성, 자연성에 기초한 주민자치의 본질을 우리가 망각해서는 안 되는 이유가 여기에 있으리라.

마을공동체와 그 적들

환대하는 마을공동체를 만드는 일은 삶터와 일터가 분리된 우리 사회에서 사회안전망을 구축하는 일과 다를 바 없다. 이러한 정책사업이 미끄럼틀 사회를 넘어 일종의 예방적 사회정책의 의미를 갖기를 바라는 것도 이 때문이다. 마을공동체 형성을 방해하는 공공의 적들에 대해 생각해볼 필요가 있다.

최우선적으로 주거복지의 실현을 통해 도시마을에서의 정주성定住性을 실질적으로 제고해야 한다는 점이다. 마을공동체의 실현과 생활화를 위해 이른바 유목적 네트워크의 탄력적 운용도 필요하겠지만, 더 중요한 것은 삶터에 사는 주민으로서의 정주성이 최대한 보장되어야 한다는 점이다. 최근 금융권의 부채 축소가 본격화하면서 무려 1천 조에 이르는 가계 부채를 떠안고 있는 하우스푸어들이 눈물을 흘리고 있다. 부동산 가격 하락세가 빠르게 진행되면서 부채 원금 상환 압력을 부추기는 현실은 사회적 커뮤니티의 붕괴를 낳는 등 대한민국을 급속히 지속불가능한 위험사회로 재편할 수도 있다. 이사철이면 살던 집에서 1~2년 만에 이사를 가야 하는 무주택 세입자들을 위한 주택정책과 더불어 상가 임대차 보호정책을 펴는 등의 주거복지정책이 다른 무엇보다 시급하다. 이 땅에 뿌리를 내리고 살 권리가 보장되어야 마을에 대한 사랑과 연대의 감정이 생기는 것이 아니겠는가. 철거된 식당 건물에서 531일간의 농성투쟁 끝에 작은 승리를 쟁취한 홍대앞 두리반의 사례는 지극히 예외적인 사례였음을 우리는 모르지 않는다. 우리나라 풀뿌리운동이 안 되는 이유 또한 주민들의 참여 부족에도 원인이 있겠지만, 무엇보다 주거복지가 실현되지 못한 사회구조에서 비롯한다는 점을 우리는 생각해보아야 한다. 안진 걸 참여연대 민생팀장이 한 신문에 쓴 칼럼은 적잖은 시사점을 제공한다.

지금 무주택 서민들에겐 '마을'도 중요하지만, '20년간 쫓겨나지 않고 살 수 있는 장기 중소형 공공 임대주택'이 시급하고, 중소상인들과 지역경제 공동체에는 '재벌 대기업들의 탐욕과 독점을 규제하는 경제민주화 정책'이 더욱 절실하다. 또 좋은 마을을 위해서는 재개발·뉴타운의 근본적이고도 신속한 개혁, 1~2인 가구를 위한 공공 원룸텔 확충, 대학생·청년들의 주거 문제 해결책 등도 절박하다. (중략) '마을에서 살 수 있는' 사람들이 늘어났을 때 '마을 만들기'가 더욱 빛날 수 있는 것이다. _서울시의 '마을 만들기'가 성공하려면, 한겨레신문, 2012.8.2

또한 예의 자발성, 자율성, 자연성에 기초한 주민자치가 실질적으로 이루어질 수 있는 제도 정비와 내실화가 필요하다. 2010년에 제정된 지방행정체제개편촉진특별법은 읍·면·동의 위상 격하 내지는 폐지를 유도하는 것을 골자로 한다는 점에서 우려를 자아낸다. 전자민주주의 시대라고 하여 대면^{對面} 민주주의가 약화될 것이라는 주장은 환상에 불과하다. 스위스의 코뮌자치, 베네수엘라의 주민평의회처럼 스타 없는 시민의 정치를 실천하는 길은 요원한 것인가?

우리는 19세기말 독립협회가 주관했던 만민공동회 경험은 물론 2000년대 이후 시위문화로 정착한 촛불시위 경험 등의 역사적 자산을 간직했다는 점을 망각해서는 안 된다. 주민들이 너도나도 참여하여 마을 일에 수다를 떨 수 있는 언로^{言路}를 만드는 일은 민주주의의 퇴행을 막고 화해의 민주주의 마당을 구축하는 일이 될 것이다. 물론 우리가 꿈꾸는 도시마을 공동체는 전통 시대의 마을 개념이 될 수도 없고, 그렇게 되어서도 안 된다. 도시마을에 살면서 저마다의 '필요'가 만들어내는 도구적 공동체(공동육아 등)로 출발하여 마을에서의 '역할'을 통해 자신을 표현하는 친밀공동체의 성격을 갖는다. 정성훈은 「현대 도시의 삶에서 친밀공동체의 의의」에서 이렇게 형성된 친밀공동체는 "공공영역에서 자본주의적 사적 영역에 맞서는 하나의 동력이 될 수 있다"고 말한다.

마을 만들기 사업의 성패는 결국 마을주민들이 생활행정의 주인이 되는 자치행정을 실현할 때에만 가능하다. 그러나 이것은 생각처럼 쉬운 일이 아니다. 사람을 키우고, 시간을 채워넣는 마을사업이 필요한 것도 이 때문이다. 마을성, 주민성, 사업성에 기초한 마을사업은 물론 주민들을 대상으로 하는 시민교육이 절대적으로 필요하다. 그러나 현재의 마을사업은 많은 경우 관(동)이 지침을 내리고, 주민자치위원회는 수수방관한 채 경관景觀과 복지에 치우친 전시행정이 이루어지는 형국이다. 전국 어디랄 것 없이 화단을 가꾸고 벽화를 그리고 지역 축제를 하지만, 마을의 특성을 살리지 못하는 사업들이 넘쳐난다.

마을사업으로 추진되는 경제, 문화, 사회 관련 사업들 또한 매너리즘에 젖어 있다. 예를 들어 노래, 댄스, 요가 강좌는 자치센터의 3종 세트 프로그램이지만, 주민들의 자기계발 수준에 머물러 있다. 마을성과 관계성을 생각하는 마을화 과정이 부재한 것이다. 노래교실을 마을합창단으로 조직하는 식의 새로운 질적 도약이 필요한 것이 아닐까. 마을학의 효시로 평가되는 '신촌학'과 '엄마 인문학' 같은 강좌를 개설하여 마을에 대한 새로운 의미를 생산하는 것도 좋은 방법이 될 것이다. 그러나 엄마 인문학 강좌는 주민들의 열렬한 호응을 얻었으나, 공무원이 바뀌면서 강좌 자체가 폐지되는 운명에 처하고 말았다. 어찌 이뿐이겠는가. 과정 없는 거버넌스에 대해 문제제기를 하는 동시에 마을사업들에서 사람을 발굴하고 육성하는 교육과 훈련에 역량을 집중해야 할 필요가 있다. 전북 진안군의 마을간사 제도는 좋은 참조가 되리라고 믿는다.

　무엇보다 지속가능한 마을 만들기를 위한 주체 역량을 강화함으로써 정책의 소나기 효과에 대비해야 한다. 행정이 지원하고 재정이 투입될 때는 문제가 되지 않을 수 있다. 문제는 예산 투입이 없고 공무원들이 철수하면 마을공동체 사업이 좌초 위기에 처한다는 점이다. 저소득 계층 아이들과 함께하는 '출발선 평등'의 교육복지 환경을 만들기 위해 고군분투하는 부산 반송동 희망의 사다리운동 사례는 이 점에서 특기할 만하다. 이와 같은 사례들이 무수히 많아져야 하는 것은 말할 나위 없으리라.

　우리 사회는 모두가 부자 되는 사회를 꿈꾸며 눈 먼 질주를 하고 있다. 마을공동체 사업이 저마다 행복한 삶이 보장되는 사회적 커뮤니티를 형성하는 일이 되었으면 한다. 행정과 재정의 질주와 현장의 아우성 사이에서 공동체 자치를 실현할 수 있는 마을 '오지라퍼'들의 존재가 더없이 그립다. 그런 오지라퍼들이 사는 마을은 저마다 고독하되 고립되어 있지는 않을 것이다. 우리는 그런 사람들이 사는 마을을 보면서 "그가 살았으므로 그 땅은 아름다웠다"(권경인) 말할 수 있어야 한다. 이 땅의 마을공화국 주민들이여, 함께하라!

(vol. 85, 2013. 1-2)

학교와 마을이 함께 열어가는 미래교육

경계를 넘어선 학교

학교에서는 늘 자질구레한 문제들이 생긴다. 안에서 일어나는 크고 작은 사건부터 교육이 사회 변화를 못 따라가는 거 아닌가 하는 외부의 염려까지, 학교교육은 정치와 함께 온 국민이 한마디씩 성토할 수 있는 소재가 된 지 오래다. 그리고 그 끝엔 교사들의 책임에 관한 문제가 언급되곤 한다.

2013년부터 학교협동조합을 통해 많은 교사, 학부모, 학생들

주수원 _ 대학생협 학생위원회에서 처음 협동조합을 접한 후 지금은 한겨레경제사회연구원 정책위원으로 있다. 『만들자, 학교협동조합』 외 책을 여러 권 썼다.

을 만나면서 학창 시절에는 이해하기 어려웠던 부분이 이해되는 순간이 많았다. 교사를 한 명의 직업인으로서 바라보게 되고, 학교를 하나의 일터로 바라보게 되었기 때문이다. 누구든 자기가 맡은 일을 잘하고 싶을 것이다. 하지만 동시에 자신에게 주어지는 보상과 갖춰진 여건 이상을 넘어 희생하는 마음으로 일을 하고 싶지는 않다. 잘하고 싶지만 동시에 소진되고 싶지 않은 노동자로서 교사를 들여다보게 되니 우리가 그들에게 과도한 짐을 지우고 있다는 생각이 들었다.

교사는 수업만 하지 않는다. 부수적으로 여러 가지 행정업무를 맡고 있으며, 때로는 주객이 전도되어 학교와 직책에 따라서는 행정가처럼 일하는 교사들도 많다. 동시에 뭔가 새로운 시도를 해보려는 교사들을 옥죄는 다양한 경계들이 있다. 수업구성과 운영에도 자율권이 많지 않으며, 앞서 말했듯 문제가 일어나면 교사에게 책임을 떠넘기는 경우가 많기에 운신의 폭이 좁다.

하지만 생각해보면 학교와 교실은 사회 안에 있다. 그리고 이 사회에는 온갖 문제들이 넘쳐난다. 교실이라고 무균실일 수는 없다. 이 사회의 여러 문제들이 교실에도 그대로 나타나고, 학생들 간의 관계, 교사와 학생의 관계, 학부모와 교사의 관계에도 사회의 관점이 그대로 투영된다. 언론 인터뷰에서 초등학교에서 페미니즘 교육의 필요성을 얘기했다가 고초를 겪은 페미니스트 교사의 경우가 그렇다. 일부 누리꾼들에 의해 신상이 털린 한 보수단체는 성소수자 인권을 가르치는 건 아동학대라며 교사를 고발하기까지 했다.

학교에 많은 문제가 있고 교육이 변해야 한다지만 이는 교사만의 책임이 아니라는 점을 강조하고 싶다. 학교와 교육을 바꾸기 위해서는 결국 사회가 바뀌어야 하기 때문이다. '한 아이를 키우기 위해서 온 마을이 필요하다'는 아프리카 속담처럼 학교와 교사만 바뀐다고 교육이 변하지 않는다는 사실에 공감하며 학교와 지역사회가 함께 힘을 모으기 시작했다. 2009년 당시 김상곤 경기도교육감이 혁신학교를 시작하며 학교와 교사의 변화를 추동했다면, 2014년 서울, 경기, 강원 등의 진보교육감들은 '마을교육공동체' 정책을 펼치기 시작했다. 지역사회와 학교가 협력해서 더 큰 학교, 더 큰 배움터를 만들자는 취지다.

이러한 흐름은 일부 교육감의 정책으로 그치지 않고 전체 교육의 변화로 연결되었다. 2013년 42개교 시범 운영으로 시작한 자유학기제는 작년에 전국의 3,210개 중학교로 확대되었다. 아울러 11월 21일 열린 국무회의에서는 '초·중등교육 시행령 일부 개정령안'을 통과시켜 현재 중학교 과정 중 한 학기로 운영되는 자유학기제를 1학년 두 학기로 확대하는 법적 근거를 마련했다. 이러한 자유학기제, 자유학년제는 학생들이 성적과 교과 진도의 부담에서 벗어나 자유롭게 진로를 탐색하고 예술체육활동을 할 수 있도록 하는 것이다.

하지만 이러한 취지는 학교의 노력만으로는 제대로 살아날 수가 없다. 교사의 역량이 부족해서가 아니다. 학교와 교실에서 제공해줄 수 있는 체험이란 극히 한정적이기 때문이다. 결국 학교와 교실을 사회와 분리된 무균실로 만들어 아무런 문제도 일어나지 않는 가운데 오로지 정해진 학습만을 차질 없이 진행하려는 흐름에서 벗어나야 한다는 이야기다. 학교와 지역사회 사이의 벽은 낮아지고 있지만, 궁극적으로 그 벽이 사라지는 단계로 나아가야 한다.

미래교육은 어떻게 오는가

이러한 교육의 변화는 전 세계적으로 논의되는 미래교육의 방향과도 일치한다. 인공지능은 산업뿐만 아니라 교육의 방향도 바꿔가고 있다. 2016년 1월 스위스 다보스에서 열린 세계경제포럼의 주제는 '4차 산업혁명'이었다. 미래 직업에 대한 전망과 교육의 비전에 대한 논의가 이뤄졌다. 이 포럼에서 발표된 내용을 보면, 현재 초등학교에 재학생들의 65퍼센트가 지금은 존재하지 않는 새로운 형태의 직업을 갖게 될 전망이다. 단순한 육체노동에 의한 기술이나 인지적 기술을 요구하는 직업은 대폭 줄어들고, 틀에 얽매이지 않는 분석적 기술과 대인관계 기술을 요구하는 직업은 이미 상대적으로 증가하고 있다.

다보스 포럼은 '21세기 기술'이라는 이름 아래 열여섯 가지 핵심기술을 제안했다. 문해와 수해 능력과 같은 '기초 기술'도 있지만 협력·창의성·문제해결력 같은 '역량', 일관성·호기심·주도성과 같은 '인성'도 중요하게 강조되는 기술이다. '가진 자들만의 리그'라는 비판을 받기도 하는 다보스 포럼이 내건 '4차 산업혁명'이란 주제가 타당한 표현인가에 대한 비판도 있지만 교육과정에서도 오래전부터 역량 중심 교육의 중요성이 제기되었다. 그럼에도 좀처럼 실현되지 못한 이유는 간단하다. 역량과 인성 역시 실제 삶을 통해 이뤄지는 것이지 지식과 정보만으로는 길러질 수 없기 때문이다. 그래서 세계적으로 미래의 교육은 지역과의 연계가 더 긴밀해질 것으로 전망하고 있다.

'교육을바꾸는사람들' 이찬승 대표가 소개하는 외국의 미래학교 모습을 살펴보면 2030년의 학교는 '학습공원learning park'이나 '학습마을learning village'이란 용어가 더 어울릴 것이라고 한다.[1] 이 새로운 학교에서는 연령에 관계없이 다양한 배경을 가진 사람들이 '서로' 배울 거라 한다(오늘날 마을교육공동체 모습과 같지 않나). 그리고 학년 구분이 사라지고 교사는 역할만 달라지는 것이 아니라 학생들과 팀으로 기능하게 될 것이라고 예측한다. 학교 내에 '아카데미academy'라고 부르는 작은 학교가 있고, 그 안에 열다섯

---

[1] 벨기에 '학습 및 재설계를 위한 연구실' (learning and redesign lab) 자료 참고.

명 정도의 소규모 학습공동체인 '학습가족^{learning family}'이 있다. 이 연구에서는 미래학교의 운영 방식이 "매우 민주적이며 협동조합과 흡사할 것"이라고 전망한다.

학교와 학교협동조합

우연히 시작하게 된 학교협동조합 활동이지만 이런 연구와 교육계 안팎의 고민, 이에 대한 대안 모색을 접하며 마을교육공동체, 학교협동조합이야말로 새로운 변화의 흐름과 긴밀하게 연결되어 있다는 생각을 하게 된다.

2017년 현재 전국 58개의 학교협동조합은 매점, 방과후, 현장체험학습 등 학교 안의 다양한 사업들을 학생, 학부모, 교사, 지역주민이 공동 소유로 함께 운영하는 경제공동체이다. 또한 그 과정에서 생생하게 경제를 배워가고 민주시민교육이 자연스레 이뤄지는 교육공동체이기도 하다.

학생들이 학교협동조합을 통해 얻는 교육적 경험은 다양하다. 학교협동조합을 경험한 학생들의 이야기를 담은 『I love 학교협동조합』에는 "모든 것은 우리에 의해 결정되고 이루어졌다. 조금씩 아주 조금씩, 우리가 살고 있는 이 작은 세상은 말 그대로 '바뀌어가고' 있었다"라는 대목이 있다. 이 학생은 학교협동조합 활동을 자기주도적인 문제해결능력을 습득해가는 과정으로 여기는 것이다. 누가 시켜서 하는 게 아니라 힘들지만 스스로 너무 재미있어서 하는 활동이다. "먼 미래를 상상하는 게 아니라 실제로 만들 매점을 기획해보는 경험은 학교에서 배운 내용을 현실에 담아내는 색다른 시간이었다"라는 말 속에 그 비결이 있다. 아이들은 미래의 주역만이 아니라 지금 여기의 주역이기도 하기 때문이다. 현재의 다양하고 주체적인 활동 속에서 미래사회에 필요한 '역량'과 '인성'을 기르게 된다.

내 주변의 문제를 협동의 방식으로, 경제적으로 풀어가는 활동은 기업가정신 교육과도 연계된다. 기업가정신은 우리가 이전에 알고 있었던 자신의 이익만을 추구하는 기업가 이미지가 아니라 모험가, 개척자라는 뜻을 가진 'Entrepreneur'의 원래 의미에 주목한다. 카이스트 뇌 과학자 정재승 교수는 기업가정신 교육의 의의를 지도 만드는 법을 가르치는 것에 빗대어 얘기한다. 종전의 학교에서는 지도를 보는 방법, 목적지까지 빨리 도달할 수 있도록 길 찾는 법을 알려주었다.

하지만 이제 이 사회는 '지도 보는 법'이 의미 없어졌다. 앞으로의 미래가 어떤 모습일지 누구도 알 수 없기 때문이다. 새로운 상황이 닥쳤을 때 스스로 헤쳐나가는, 자기 스스로 지도를 만들어가는 교육이 필요하다. 협동으로 문제를 해결해가는 능력은 학교와 지역사회가 결합되고 교사와 학부모, 지역주민이 함께해야 키워낼 수 있다.

학교와 마을이 함께하는 교육의 길

그런데 여기서 교사들의 불편함이 시작된다. 왜 마을과 협력을 해야 하나? 교육 전문가가 아닌 이들이 왜 학교교육을 얘기하나? 교육은 아무나 할 수 있는 건가? 직업인으로서 교사를 바라보면 다시금 이해되는 대목이다. 오랫동안 전문적인 교원 양성과정을 거친 이들은 일터에 갑자기 들어온 마을주민과 학부모를 어떻게 바라봐야 하는지 난감하다. 교육도 어설프고 때로는 시어머니만 많아진 느낌에다가 행정업무만 더 늘어나는 경우가 잦다. 마을주민들이 배움터를 조성할 능력과 여력이 있는가도 해결과제이다. 저녁이 없는 삶, 노동에 치여 공공의 일에 관심을 가지고 활동하는 이들을 점점 찾기 어려워지는 상황이다.

이를 위해서는 먼저 교사의 역할과 권한이 축소되지 않아야 한다고 본다. 특정 영역에서는 마을주민과 학부모가 지식과 정보가 더 많거나 가르치는 기술이 뛰어난 경우도 있다. 하지만 교사가 직업인으로서 가장 훌륭한 점은 학생들의 눈높이와 생활양식에 맞출 수 있다는 것이다. 교사는 이제 독점적인 공급자가 아니라, 여러 공급자 중 하나이면서 배움의 연결자 역할을 하고, 생태계를 조성하는 관리자가 되는 것이다. 말하자면 '학습공원'의 공원 관리자이자 '학습마을'의 이장인 셈이다. 이러한 역할을 하기 위해서는 과도한 업무를 줄일 수 있도록 교육행정이 쇄신되어야 한다. 더불어 이러한 학습공원과 학습마을은 현재의 학교만으로 간히지 않아야 한다. 공적인 교육기관으로서 학교는 여전히 중요하지만 이는 절대적인 것이 아니라 하나의 선택지로 존재해야 한다. "서울이 학교다"라는 서울시교육청의 표어처럼 배움의 공간이 계속 확장되고 다양해지길 기대한다.

그럼에도 학교의 변화는 시작되었고, 학부모, 지역주민이 함께 만들어가는 새로운 마을배움터는 조금씩 만들어지고 있다. 소설가 윌리엄 깁슨의 말처럼 "미래는 이미 여기 와 있다. 아직 퍼지지 않았을 뿐이다." 쉽지 않은 길이지만, 길게 바라보고 함께 학습공원과 학습마을의 토양을 가꿔나가야 한다. 학교와 지역사회 각자 고군분투하기보다 서로 만나 함께 역량을 키워간다면 그 길은 더 수월할 것이다.

(vol. 114, 2017. 11-12)

마을교육공동체와
교육생태계의 진화

마을교육공동체, 그 오래된 현재

충남 논산 청년들이 만드는 마을교육과정

논산에 사는 청년들이 모여 지역의 아이들을 분석해 토론하고 비전을 만든다. '내가 보고 느끼는 논산의 아이들' '우리가 만드는, 우리가 세우는 논산교육의 철학과 비전' '우리가 잘하는 다섯 가지'. 교육협동조합에 소속된 이 청년들은 각자 가진 재능과 자원을 함께 만든 비전에 결합시킨다. 이들은 앞으로 학교 선생님들과 함께 마을교육과정을 만드는 일까지 염두에 두고 있다.

서용선 _ 전교조 정책연구국장, 의정부여자중학교를 거쳐 경기도교육연구원에서 혁신교육, 마을교육공동체 등을 연구했다. 지금은 경기도교육청 장학사로 있다.

전남 구례 선생님들의 마을교육 상상력

"마을학교를 어떻게 운영하나요?" "학교 공간을 지역에 개방하면 어떤 어려움이 있나요?" "아이들을 위해 교사와 학부모가 잘 만나는 방법은 없나요?" 스무 명 남짓한 선생님과 학부모들이 경기 시흥에서 온 선생님들에게 마을교육 이야기를 들은 후 질문을 쏟아놓는다. 한 학교에서 올해 입학생이 세 명인데 여자애들뿐이라고 하자, 다른 학교에서 우린 열한 명인데 모두 남자애들이라며 웃는다. 두 학교가 연계해 함께 교육과정을 짜보자고 한다. 지켜보던 군수와 교육장 모두 적극적인 지원을 약속한다.

혁신교육지구 사업을 설명하는 지자체장

'분단을 넘어 찾아가는 평화통일 체험' '한강 하구 생태교육' '빛깔 있는 교육과정' '작은 학교 큰 꿈 프로젝트 지원' '체험학습 이음버스' '경기 혁신교육지구 시즌 3'으로 출발한 김포 혁신교육지구는 이런 이름으로 마을교육공동체를 빛고 있다. 그런데 이런 내용을 김포시장이 직접 무대 위에 올라 300여 명 앞에서 정성스럽게 하나하나 설명한다. 늦게 시작했지만 지역 아이들을 위해 알차게 준비하겠다고, 공감대를 확산하면서 시행착오를 줄여가고 있다고 말한다.

마을교육공동체가 넓어지면서 동시에 깊어지고 있다. 최근 논산, 구례, 김포 지역을 다녀왔다. 마을교육공동체 활동에서 자주 언급되었던 곳은 아니지만 이곳에서 만난 분들의 이야기는 마음을 울렸다. 마을교육공동체의 활동 영역이 정말 넓다는 것을 느꼈다. 여기서 벌어진 일들은 의욕적인 청년들의 결합, 의미 있는 마을교육과정의 개발, 지역 리더들의 새로운 움직임, 교사들의 역동적인 변화, 프로그램의 내실화 등으로 요약된다. 이 정도의 정리로는 부족할 터이다. 마을교육의 속살은 이곳에 살아봐야 알 수 있을 것이며, 실은 눈에 보이지 않는 더 많은 고민과 노력이 깃들어 있을 것이다.

마을교육공동체는 경기도교육청에서 꾸린 '마을교육공동체 기획단'에서 학교 밖 학교인 꿈의학교, 교육협동조합, 학부모 네트워크 등을 추진하면서 시작되었다. 처음엔 혁신학교로 시작된 혁신교육을 '학교'에서 '지역'으로 확대하려 했던 측면이 강했다.

5년이 지난 지금, 마을교육공동체의 지속가능성을 고민하는 연구들이 나왔고 플랫폼형의 새로운 전국 조직도 만들어졌다. '마을교육공동체 포럼'이다. 얼마 전엔 마을교육공동체에 대해 평생교육, 진로교육, 공간혁신 영역에서 함께 고민하는 자리가 만들어졌는데, 미래형 민관 파트너십으로 전국 현장의 다양한 주체들이 모였다. 교육현장과 지역, 그리고 중간단위 교육기관을 중심으로 시작된 마을교육공동체에 정부 또한 많은 관심을 가지고 있으니, 이젠 거의 모든 이들이 다 알게 된 셈이다.

9년 전부터 시작된 혁신교육지구는 226개 지자체 가운데 100개 지역에서 추진되고 있고, 이 활동은 이미 마을교육공동체 영역으로 넘어왔다. '혁신교육지구라 쓰고 마을교육공동체라 읽는다'는 말이 회자될 정도로 둘의 성격이 교차하고 있다. 2019년에는 혁신교육지구가 130여 개로 늘어날 전망이고, 교육부는 아직 시작하지 못한 곳을 챙길 예정이다. '풀뿌리 교육자치' '혁신교육 생태계' '학습자 주도 교육' 같은 정책도 이 범주에서 함께 추진되고 있다. 가장 핫한 '교육자치'나 '미래교육' 논의와도 마을교육공동체가 휘감겨 논의되고 실천되는 상황이다. 마을교육공동체가 가진 역동성, 개방성, 창조성이라는 특성이 맞물려가는 느낌이다.

마을교육공동체의 확장, 연결, 심화

마을교육공동체는 '국가가 주도하는 학교'라는 기존의 흐름을 '지역으로부터 배우기'라는 흐름으로 전환하기 위해 다양한 방식을 시도하는 중이다. 얼핏 국가가 약화되고 더불어 학교가 약화되는 것처럼 비치지만 사실은 그 반대다. 지역이 살아나면서 국가라는 '커다란 공동체'가 살아나고, 학습이 살아나면서 학교가 학교다워지는 길이다. 모래알처럼 흩어져 있거나 소멸된 것처럼 보였던 마을이 마을교육공동체와 만나 마을과 교육이 함께 살아나는 흐름이다.

'확장' '연결' '심화'라는 말은 이런 흐름을 잘 대변한다. 먼저 '확장'은 앞선 사례에서 본 것처럼 마을교육공동체의 활동 지역이 넓어지고, 내용과 방법이 다양해지고, 그에 손잡는 사람들이 많아지고 있음을 뜻한다. 논산의 청년들이 마을교육과정을 직접 만들 거라고, 김포에서 교육에 뜻있는 사람들이 모여 의미 있는 프로그램을 만들 거라고 누구도 상상하지 못했다. 경기도에서 시작한 마을교육공동체는 지금 수도권을 지나 강원, 충청, 호남권으로 이어지고 있다.

'연결'은 확장의 밑바탕이다. 확장은 이끌어가는 누군가가 사업 등을 통해 일방적으로 할 수 있는 일이지만, 다양한 연결 없이 추진되면 그 한계는 분명해진다. 그동안 수많은 교육정책이나 교육운동이 하향곡선을 그렸던 것도 '수직과 수평의 연결' '창조적 연결' '하이브리드 연결' 같은 시도가 부족했던 탓이라 볼 수 있다. 김포시장이 무대 위에서 마을교육에 대해 설명하는 순간은 300여 명의 학부모와 주민들이 연결되는 향연의 장이었다. 이런 감응의 시간이 김포 마을교육공동체를 무엇과 어떻게 연결해갈지 참 궁금하다. 마을교육공동체는 길, 공간, 사람을 가로와 세로로 엮고 상상력을 펼쳐가는 일이다.

'심화'는 사고와 행동의 깊이를 말한다. 눈이 맑고 속이 깊은 사람을 보면 금세 알아챌 수 있듯이 마을교육공동체가 심화된 곳을 보면 구성원들 사이의 분위기가 좋고, 어디서나 대화의 장이 열리며, 누군가 새로운 것을 제안하면 금세라도 함께 실천할 준비가 되어 있다. 논산 청년들과 구례의 교사, 학부모들의 모습에서 나는 이런 면모를 보았다. 논산 청년들은 공예, IT, 영어, 생태 등 각자 다른 영역에서 활동해오던 이들이지만 그 영역을 넘어 '마을교육'에 대해 함께 고민하고 실천하려는 모습이 좋았다. 구례의 교사와 학부모들은 학생 수 감소에 대한 걱정과 더불어 학생들에게 더 좋은 교육을 주고 싶은 마음으로 학생들이 구례의 아름다운 자연과 어우러지게 하려면 어떻게 할까를 고민하고 있었다. 마음으로 마을을 잇고, 욕망이 아닌 희망의 교육을 만들며, 폐쇄적인 공동체를 넘어 느슨한 플랫폼 공동체를 지향하면서 마을교육공동체는 더욱 깊어진다.

'현미경'과 '망원경'으로 보는 마을교육공동체

누군가 마을교육공동체의 전망에 대해 물으면 내가 자주 하는 비유가 '현미경'과 '망원경'이다. 마을교육공동체를 전망하려면 아이들 삶의 더 깊은 곳까지 들여다봐야 한다. 심리학을 하나의 교육 방법으로 이야기했던 게 100년 전이다. 오늘날 아이들의 삶은 훨씬 복잡하고 변화무쌍하다. 그리고 마을과 연결해서 보면 그 독특함과 역동성은 이루 말할 수 없다. 그러므로 마을교육공동체가 나아가는 곳을 지금보다 훨씬 더 멀리 보아야 한다.

지금까지의 마을교육공동체 운동이 무엇을 남겼는지 성찰해 보면 그 전망을 구체화할 수 있다. 그동안 마을교육공동체는 어린이와 청소년의 삶을 중심으로 공교육의 품을 넓히려고 노력해 왔다. 학교와 마을이 상생하고, 마을 주민들이 교육의 주체로 서고 있다는 것은 우리 사회의 교육의 품이 넓어지고 있다는 방증 아닐까.

교육의 중심기관인 교육(지원)청과 지방자치단체 사이의 교육 협력이 본격화되고 있다. 얼마 전 무주 시내에서도 한참을 들어간 태권도원에서 200여 명의 사람들이 1박 2일 동안 마을교육공동체에 관한 포럼을 열었다. 새로 만들어진 모임 '마을교육공동체 포럼'과 '무주교육지원청'의 콜라보로 이뤄진 첫 번째 전국 단위 포럼이다. 포럼 주제는 '마을교육공동체와 지방자치'였다. 호남권의 여러 사례가 발표되고 각 분임에서 열띤 토론이 이어졌다. 마을교육공동체를 만들기 위해 학교와 마을이 어떻게 손을 잡을 수 있을지, 지자체와 교육청은 어떻게 움직여야 하는지 다양한 논의가 이어졌다. 다음 모임에서는 인천교육청과 함께 '마을교육공동체와 공간자치'로 공부하기로 했다.

경기 시흥에는 '장곡마을교육자치회' '군자마을교육자치회' '정왕마을교육자치회'가 있다. 학생, 교사, 학부모, 주민들이 마을 단위로 교육자치회를 꾸려 마을교과서와 마을교육과정을 만

든다. 마을신문과 마을축제도 학교와 함께 고민하며 진행해온 지
네 해째다. 시흥ABC행복학습센터에서는 토론회나 공동계획 과
정을 개최하며 사람들이 마을교육을 고민할 수 있도록 기회를 만
들어주고 있다.

이렇듯 마을신문, 마을교과서, 마을축제 같은 결실이나 마을교
육자치회 모임은 기존 교육의 변화 흐름을 역동적으로 보여준다.
그동안 중심 역할에서 떨어져 있는 듯 보였던 마을교사가 등장하
면서 다양한 교육주체화가 이뤄지고 있다. 교사나 학부모가 마을
교사 역할을 하기도 하고, 심지어 어린이 · 청소년이 마을교사가
되기도 한다.

마을교육공동체는 교육자치, 사회적경제 교육, 미래교육과
의 연계성을 강화하고 있다. 사립 유치원 비리 사태 이후 얼마 전
'협동조합유치원'이 만들어졌다. 그동안 마을교육공동체의 뼈대
가 '협동조합'이라는 논의가 진행되어왔는데, 이 사건을 계기로
현실화된 것이다. 낙후된 도시에 새로운 기능을 도입해 경제 · 사
회 · 물리적으로 부흥시키려는 '도시 재생', 돌봄이 필요한 계층
에 대해 지역공동체 휴먼서비스 형태로 추진하는 '커뮤니티 케
어', 마을 주민 중심의 일상 속 생활환경을 만드는 '생활 SOC' 등
도 혁신교육지구나 마을교육공동체와 연결해 그 뜻을 실현하려
고 한다.

미래교육을 전망할 때 자주 등장하는 학습공원 형태의 유 ·

초·중·고·대학이 연계된 형태나 온오프라인이 연결된 마을교육공동체 형태도 등장을 예고하고 있다. 이와 유사한 모델로 2016년 경기도 화성에 '동탄중앙이음터'라는 복합 커뮤니티센터가 생겨나기도 했다. '동탄중앙이음터'는 화성시와 경기도교육청이 공동 추진한 학교시설 복합화 사업으로 동탄중앙초등학교 부지 안에 교육·문화·복지 기능을 강화한 커뮤니티센터를 건립해 모든 세대와 계층을 아우르는 마을교육공동체 살리기를 시도하고 있다.

이렇게 혁신교육지구와 마을교육공동체는 지방분권이나 지방교육자치는 물론 교육협동조합 등 사회적경제와도 융합하고 있다. 이 흐름은 4차 산업혁명 기류와 맞물려 더욱 촉진되고 있다.

마을교육공동체가 풀어야 할 숙제

하지만 마을교육공동체가 풀어야 할 숙제 또한 많다. 입시를 지향하고 있는 학교들과 연계하기 어렵다는 점이다. 다양한 시도에도 불구하고, 입시 위주로 돌아가는 '전통적인 학교'와의 연계는 여전히 미흡한 상태다.

관 주도의 성과 위주 접근도 마을교육공동체의 큰 고민이다. 교육과정 연계나 교육 거버넌스 구축 없이 이뤄지는 혁신교육지구, 마을교육공동체 사업은 결과와 성과 위주로 치우치는 경우가 있다. 가시적인 교육 불평등 해소나 교육생태계 구축 또한 여전히 미흡하다. 긴 호흡으로 바라보아야 하지만, 평생학습이나 교육복지 등과의 연계도 단순한 수준에 머물러 있다.

마을교육공동체의 비전을 '교육생태계의 진화'에 두고 생각해보면 좋겠다. 이는 단기와 장기로 나눠지는데, 단기적인 진화는 참여하는 사람들 간의 '친밀성과 점착 정도'가 중요하다. 시스템들을 연결하는 '플랫폼 시너지'와 문제가 생겼을 때 해독제 역할을 하는 '확장성'도 중요하다. 장기적인 진화는 교육생태계의 확대, 변이, 지속가능성을 중심으로 생각해볼 수 있다. 새로운 참여자에게 호혜적이고 대안적 전략으로서 '병합'하는 일이 중요하다. 시간 경과에 따라 기존 시스템과 차별화되는 '지속가능성'을 확보해야 한다.

본래와는 완전히 다른 기능을 갖게 되는 예기치 못한 상황도 가늠해볼 일이다. 현재 논의 중인 지방자치나 공간혁신은 사실 처음부터 마을교육공동체가 고민했던 부분은 아니다. 대안학교에서 마을교육공동체가 활발하게 논의되고 있는 상황 또한 대안교육이나 마을교육공동체에 새로운 변화를 가져다줄 수 있다. 네덜란드의 '스티브 잡스 스쿨'처럼 교사가 없고 교실이 없고 교육과정이 없어도 어린이 · 청소년들이 마을과 함께하며 배우고 성장하는 일도 가능하다. 언제든 우리의 상상을 넘어서는 일이 일어날 수 있다.

그러려면 주어진 현실을 냉철하게 인식하고, 90퍼센트를 위한 희망의 교육이나 열린 공동체 등 가치와 문화의 고리를 잘 엮고, 풀뿌리의 힘을 키우는 일이 무엇보다 중요하다. 지역의 교육적 요구를 반영해 현실적인 목표를 수립하는 일, 학교와 지역 주체들이 연대해 발 딛고 있는 지역사회의 특성을 살리는 일, 지역의 교육력을 쌓아나가는 일 등이 여기에 해당할 것이다.

전국에서 활발히 일어나고 있는 마을교육공동체가 오랫동안 넓고 깊게 자리 잡았으면 좋겠다. 아이들의 삶이 담긴 시공간은 수직·수평으로 이어지고, 세대와 세대를 이어 지속되기 때문이다. 교육이 정치권력이나 경제권력으로부터 자유롭고 바람직한 방향으로 가기 위한 노력은 바로 아이들이 살고 있는 그 땅, 그 지역에서 시작된다. 헬레나 노르베르 호지의 『로컬의 미래』에 나오는 이야기로 마을교육공동체의 필요성을 다시 한 번 강조하며 글을 마무리하고자 한다.

"풀뿌리 공동체와 지자체가 협력해 얼마나 많은 일을 이룰 수 있는지 깨달으면 정말로 희망이 생깁니다. (…) 사회와 생태계의 위기를 해결하려면 반드시 방향을 전환해야 합니다."

(vol. 122, 2019. 3-4)

민관 협치, 마을교육을 시작하며

전남 순천에 마을교육공동체 바람이 불다

순천에서 '마을학교'라는 단어가 사람들 입에 오르내리기 시작한 것은 지난 2018년부터다. 지금 순천시장인 허석 씨가 후보 시절 '마을학교 활성화'라는 공약을 내걸었는데, 때마침 교육부에서 공모하고 있던 '풀뿌리 교육자치 협력체계 구축사업'에 '순천시 마을학교 구축사업'이 선정되었다.

그해 전라남도교육청이 주관한 마을학교 공모사업에 두 단체가 선정되면서 마을학교라는 말이 더 알려지기 시작했다. 한 곳

임경환 _ 홈스쿨러들을 위한 네트워크 '학교너머' 등 다양한 교육활동을 하다 지금은 순천시마을학교지원센터에서 일하고 있다.

은 폐교 직전이던 학교를 교사와 힘을 합쳐 살려낸 경험이 있는 학부모들이 만든 마을학교이다. 폐교를 살려낸 초기의 정신이 계속 유지되지 않는 데 문제의식을 느낀 학부모들이 그 철학을 지켜내고자 '마을학교'를 만든 것이다. 다른 한 곳은 교육활동가들이 순천의 구도심 주변 학교와 관계를 맺어 학생들을 만나는 사례였다.

순천의 경우, 학교 교사들이 마을교육공동체에 관심을 가졌다기보다 학교교육에 문제의식이 있는 지역 주민들이 먼저 나서서 마을교육공동체 운동을 시작했다고 볼 수 있다. 몇몇 곳에서 마을학교를 운영하고 있었지만 대다수의 사람들은 마을교육공동체에 대한 인식이 별로 없었다. 그런 상황에서 덜컥 교육부 공모사업에 선정되어 마을학교지원센터가 생긴 것이다.

지자체 공무원 조직 내에서도 담당 공무원을 제외한 다수의 사람들은 '마을교육공동체'와 '마을공동체'가 어떻게 다른지 헷갈려했다. 지난해부터 순천이 '혁신교육지구'로 지정되면서 사업을 진행해오던 순천시교육지원청 장학사들도 이제 막 '마을교육공동체'에 대해 공부를 시작하는 단계였다. 서울, 경기 지역에 비하면 전남은 아직 걸음마 수준이었다.

순천은 예전부터 '교육도시'라는 명성이 있었다. 비평준화 시절, 이 지역의 소위 명문고라 불리는 학교들에서 학생들을 서울대에 많이 보내는 것으로 유명했다. 여전히 '인재 양성' 중심의 교육관을 가진 학부모들이 많았고, 그 영향으로 학생들은 입시 중심의 교육방식을 요구받고 있었다. 그런 상황에서 마을학교는 학생들의 숨통을 트는 하나의 통로가 되기도 했다.

상황이 이렇다 보니 '왜 마을이 아이들을 함께 키워야 하는지' '학교와 마을이 아이들을 같이 키운다는 것은 어떤 의미인지' '마을교육공동체가 생기면 뭐가 좋을지'에 대해 사람들 사이에 공감대를 형성하는 일부터 필요했다. 이런 공감대는 전라남도 교육감과 순천시장이 업무협약식을 체결했다고 해서 만들어지는 것이 아니다. 물론 마을학교지원센터가 세워졌다고 해서 만들어지는 것도 아니다. 그 일을 꾸준히 해나갈 '활동가'가 필요했다.

순천시에서 이 사업을 수행할 민간인을 찾다가 나에게까지 연락이 오게 되었다. 생전 공무원과 같이 일해본 경험도 없고 그동안 해오던 일도 있어서 처음엔 망설였다. 그러다가 문득 이십여 년 전에 읽은 『실험학교 이야기』가 떠올랐다. 마을에 사는 사람들 모두가 스승이고 마을 곳곳이 배움터가 될 수 있다는 말이 아주 인상적이었고 언젠가는 그런 마을을 만들어보고 싶다고 생각했다. 아직 못 이룬 그 꿈을 순천에서 구현해보고 싶었다. 그동안 야학 자원활동가, 고등학교 국어 교사, 홈스쿨러 네트워크 길잡이, 청소년 노동인권교육 활동가 등 학교 안팎에서 교육활동을 해왔지만, 지역에 뿌리 내리지 못하고 지역 아이들과 지속적인 관계를 깊게 맺지 못했다는 아쉬움이 있었는데 드디어 때가 되어

나에게 길이 열린 것 같은 느낌이 들었다.

　순천시는 국비 예산으로 순천시마을학교지원센터를 만들었고, 그곳에서 나는 소정의 활동비를 받으며 마을교육공동체 전도사 역할을 해나갔다. 사람들과 같은 꿈을 꾸기 위해, 앞서 실천한 마을교육공동체 방문도 하고, 순천형 마을교육공동체를 상상해보는 자리를 만들기도 하고, 민관 거버넌스를 만들기 위해 여러 사람들을 만났다. 행정 입장에서는 '사업'을 수행하는 것이지만, 활동가 입장에서는 국비를 이용해 마을교육공동체 '운동'을 하고 있는 것이라 볼 수 있겠다.

민관 거버넌스 '지역교육력회복실천공동체'

　그동안 순천에는 마을교육공동체 운동이라 부르지는 않았지만, 지역 곳곳에서 더 나은 교육을 고민하는 사람들의 활동이 있었다. 혁신학교를 만들기 위해 노력하는 교사들, 어린이 도서 문화를 바꾸기 위해 노력하는 어린이도서연구회 사람들, 순천만을 중심으로 환경교육 프로그램을 고민하던 환경운동가들, 청소년 노동인권을 지역의 핵심의제로 만들었던 인권운동가들, 그들이 마을교육공동체 운동에 동참할 수 있도록 '꼬시는' 일이 필요했다. "교사나 학교뿐만 아니라 지역에서도 아이들의 성장을 고민해야 하지 않겠냐"는 한마디 말만으로도 함께하려는 사람들이 많았다. 이런 마음을 가진 교육활동가들을 중심에 두고 지자체 담당공무원, 교육지원청 담당자, 교사, 중간지원조직 활동가들을 모아 '지역교육력회복실천공동체(이하 실천공동체)'를 만들었다.

실천공동체는 열린 구조의 자발적 조직이다. 행정당국이 추천하는 인사들이 아니라 시민들 누구나 추천하면 들어올 수 있다. 들어오는 것도 쉽고 나가는 것도 쉽지만, 직책에 상관없이 모든 사람들이 동등한 권한을 누리면 좋겠다는 암묵적인 분위기가 흐른다. 실천공동체 사람들은 한 달에 한 번 모여 마을교육공동체 사업의 방향이나 순천 교육 전반에 대해 격의 없이 이야기를 나눈다. 모임에 참여하는 사람들이 고정적이지 않다 보니 모이는 구성원에 따라서 나오는 이야기들이 다른데, 한번은 회의 자리에 시의원이 참석했다. 교육활동가들은 '이때가 기회다' 싶어서, 시의원들에게 '교육환경 개선 사업비(약 70억 원)가 어떻게 쓰이고 있는지 시정질의를 해달라고 요구했다. 그 자리에 교육지원청 관계자들도 있어서 자칫 불편한 분위기가 만들어질 수도 있었지만, 다행히 의견이 잘 조율되었다. 회의 수당 같은 건 없지만 지역의 교육 문제에 대해서 이렇게 시민들이 이야기할 수 있는 장이 있다는 것만으로도 참석자들의 만족도가 높다. 순수한 열정과 자발성을 가진 사람들이 모임에 참석하기 때문에 앞으로 사업이 없어지더라도 이 공동체는 살아남지 않을까 싶다.

보통 민관 협치라고 하면, 행정은 위원회를 만들어 민간인에게 '위원'이라는 자격을 부여해 시정에 참여시킨다. 일 년에 몇 차례 모여서 미리 정한 안건에 대해 의견을 받는데, 이 정도의 민관 협치로는 마을교육공동체 운동을 해나갈 수 없다는 판단이 들었다. 우리는 센터나 행정에서 만들어지는 자료를 실천공동체 내부 구성원들에게 모두 공유하고, 이것을 토대로 논의와 결정을 해왔다. 실천공동체에서 나온 의견들은 특별히 행정적으로 무리가 따르지 않는 이상 모두 수용되는 분위기다. 아직 실천공동체가 센터에 사업을 제안하거나 자체적으로 사업을 진행해 나가는 데까지는 이르지 못했지만, 실천공동체에서 나온 의견들이 행정에서 진지하게 고민되고 무겁게 다뤄지고 있다. 실질적인 민관 협치의 첫발을 내딛고 있다고 볼 수 있겠다.

중간지원조직의 역할은 '중매쟁이'

요즘 나는 사람들이 중간지원조직의 역할이 뭐냐고 물으면 '중매쟁이'라고 말한다. 마을교육공동체 운동은 삶의 배경이 다른 주체들이 만나 새로운 상호작용을 만들어내는 과정인 것 같다. 아이들의 성장을 중심에 두고 교사와 지역주민, 교육지원청과 지자체가 만나 새로운 형태의 교육을 만들어내는 것이 필요한데, 그것을 중간에서 이어줄 사람이 필요하다. 예를 들어 이런 식이다. 순천시마을학교지원센터가 마을의 자원을 교사들에게 소개하는 행사를 기획하던 중에 황전초등학교 주변에서 자연생태 농법으로 농사짓는 분을 알게 되었다. 그분에게 마을학교의 취지를 설명하자, 그분은 계획서를 들고 교장선생님을 찾아갔다. 그 결과 황전초등학교 학생들은 매주 토요일 동아리 형식으로 유기농 텃밭농사를 지어보게 되었다. 농부가 그 마을에 이주해온 지 14년 만에 처음으로 학교와 연결되는 순간이었다.

필요한 것이 있지만 서로에 대해 잘 모를 때 그들을 이어줄 누군가가 필요하다. 마을에 대한 정보가 부족한 교사들에게 교육자원을 소개해주고 학교 교육과정을 잘 모르는 마을주민들에게 학교 교육과정을 설명해주며 아이들의 교육이 학교를 벗어나 지역과 연결될 수 있도록 돕는 '오지라퍼'가 필요하지 않을까?

'오지라퍼'의 오지랖으로 올해부터 철도 관사 마을 주변에 있는 이수중학교 1~3학년 전체 학생들과 3회에 걸쳐 철도마을 역사체험 수업을 진행하기로 했다. 내년에는 15차시 분량의 마을 교육과정 프로젝트 수업을 구성하기 위해 마을학교지원센터와 이수중학교 사회·국어 교사, 주민들이 함께 한 달에 한 번 공부 모임을 하기로 했다. 최근에는 골목책방을 운영하는 서점들을 방문해 '청소년들과 함께하는 인문학 마을학교'를 만들어보자고 바람을 넣기도 하고, 아름다운가게와 공정무역 제품을 판매하는 가게들을 찾아가 학교와 연계해서 공정무역 수업을 개설해보자고 설득하고 있다.

이 일을 시작한 6개월 동안 순천시 평생교육과에서 전적으로 일을 믿고 맡겨주어서 큰 어려움은 없었다. 중간지원조직에서는 센터에서 기획하는 대로 추진하고, 그것이 행정적·재정적으로 가능한지에 대해 가이드를 해주는 정도의 역할을 하고 있다. 그것이 가능한 데에는 여러 가지 이유가 있겠지만 민간을 신뢰하는 담당 공무원의 태도가 큰 영향을 주는 것 같다.

직접 관과 일을 해보기 전까지는 사실 공무원 사회에 대한 편견이 있었다. 특히 교육지원청에는 불만이 많았다. 자유학기제가 잘되었으면 좋겠다는 마음에서 시민단체를 주축으로 마을자원들을 모아놓은 자료집을 만들었는데 '통일' '노동'이라는 단어가 들어간 단체나 사람들을 자료집에서 뺐다는 소식을 듣고 참 어이가 없었던 경험 때문이다. 관을 보면 자꾸 '왜 이것밖에 못 하지?' 하는 마음이 올라왔다.

하지만 좀더 깊게 그들을 만나보니 조금은 다른 시각에서 보게 되었다. 그들 입장에서 마을학교 관련 내용은 아주 많은 업무 가운데 하나이기 때문에 '이것에만 오롯이 신경 쓸 여력이 없었구나' 하고 이해하게 되었다. 결국 '마을교육공동체가 잘 정착되었으면 좋겠다'는 마음은 서로 같다는 사실을 받아들이게 되니 서로 더욱 신뢰하는 관계가 되었다. 물론 아직도 모든 것이 '결재'와 '공문'으로 움직일 수밖에 없는 공무원 문화가 답답하기는 하지만. 그래도 그 문화에서 살다 보니 자연스럽게 그런 방식이 몸에 배어버린 그들이 이해되는 측면도 없지 않다. 그런 이해에 도달하게 된 것은 잦은 만남이 있었기에 가능했다. 올해는 지자체와 순천시교육지원청, 마을학교지원센터가 한 달에 한 번씩 실무협의회 자리를 통해 마을교육공동체를 어떻게 잘 만들어갈지 논의할 예정이다.

발 딛고 선 이곳을 귀하게 여기는 사람

관의 지원에 힘입어 처음부터 마을교육공동체 운동이 힘을 받고 있지만, 걱정이 없는 것은 아니다. 올해 마을학교지원센터가 사용하게 될 국비 예산은 민간경상보조금으로 잡혀 있어서 민간인들에게는 공모사업의 형태로 지원될 수밖에 없다. 예산을 집행하고 있는 나는 이 돈을 어떻게 써야 마을교육공동체를 하려고 하는 사람들에게 도움이 될까 걱정이 많다. 예산 지원이 없어도 자발적으로 굴러가던 공동체에 괜히 돈을 주었다가 서로 관계만 나빠지면 어쩌나 하는 고민도 생긴다. 마을교육공동체마다 지원해야 할 내용이 다르니, 일괄적으로 지원할 수밖에 없는 상황도 답답하다.

교육부 공모사업으로 국비 예산이 마련되고 시장의 공약사항으로 시비 예산이 세워져서 마을학교지원센터도 생기고, 마을학교에 지원금이 내려가서 마을교육공동체 관련 일을 하는 사람들도 생겨나는 모습들을 보고 누군가는 마을교육공동체가 활성화되었다고 말할지 모른다. 하지만 국비 예산이 끊기고 순천시장이 바뀌어서 예산이 사라지더라도 마을교육공동체가 계속 살아남을 수 있을까? 지원금이 없더라도 마을학교 프로그램이 지속되고, 민과 관의 관계는 계속 유지될 수 있을까?

매일 출근하라고 정해져 있지는 않지만 아침마다 나는 순천시 마을학교지원센터에 나간다. 출퇴근하는 삶이 아직 어색하지만, 내가 살고 있는 지역 곳곳에 마을교육공동체들이 생겨났으면 하는 마음으로 열심히 이 일을 하려고 한다. 마을교육공동체 운동이 잘 되어서 지역 아이들 누구도 패배감 없이 이곳에서 하고 싶은 일을 하면서 잘 살았으면 좋겠다. 교과서나 미디어에 등장하는 사람뿐만 아니라 내 옆에 있는 사람들을 귀하게 여기고, 서울을 동경할 게 아니라 내가 살고 있는 이 마을을 귀하게 여길 수 있으면 좋겠다. 학교 안에서만이 아니라 내가 발 딛고 있는 이 자리에서 스스로 배움을 찾을 수 있는 사람들이 많아지면 좋겠다.

2021년 12월까지 민간에게 마을학교지원센터 업무를 맡긴다고 하니 그때까지라도 이 일이 잘 자리 잡도록 돕고 싶다. 3년 안에 자생적으로 마을교육공동체들이 협력하는 힘이 생겨, 더 이상 중간지원조직이 없어도 스스로 교육과 마을을 잘 연결해갈 수 있으면 더 좋겠다.

(vol 122. 2019. 3-4)

마을교육, 운동과 사업 사이에서
길을 잃지 않으려면
_마을배움터 심한기 대표에게 듣는다

이십여 년 전, 서울 마포의 어느 한적한 동네에 사람들이 모여들었다. 공동육아라는 이름으로 '내 아이가 아닌 우리 아이'로 함께 잘 키워보자고 모인 사람들이었다. 그 동네에는 성미산이라는 야트막한 동산이 있었고, 아이들은 그 동산을 오르내리며 하루하루를 보냈다. 그들은 자기들이 사는 곳을 성산동 같은 행정명이 아닌 '성미산마을'이라는 정겨운 이름으로 부르기 시작했다.

성미산마을 이야기가 공중파 방송을 타면서 한적한 이 마을 이면도로에 관광버스가 줄지어 늘어서는 진풍경이 펼쳐지기도 했다. 벌써 10년 전 일이다. '삶에서 배운다' '마을이 학교다' '온 마을이 키운다' 같은 명제를 교육의 방향으로 삼았던 사람들의 작은 실천이 큰 메아리가 되어 울려 퍼진 것이다. 이 울림은 공동육아나 대안학교를 넘어 대안적 삶이나 패러다임의 전환 같은 사회적 화두와도 맞물렸다. 그저 보통명사로, 그리 자주 입에 오르내리지도 않던 '마을'이란 말이 우리 사회에 다시 회자되기 시작했다.

성미산마을 사람들의 활동은 '마을 만들기'로 언어화되고, 이어서 '마을교육' '마을교육공동체' 같은 말들도 생겨났다. 그러다 언젠가부터 특정 사업명이 되어 전국 곳곳으로 퍼져나갔다. 반가운 일이지만 알맹이 없이 껍질만 남는 건 아닐지, 귤이 바다 건너 탱자가 되는 건 아닐지 고민도 같이 깊어지던 중에, 새로운 마을 '사업' 이야기가 들려왔다. 서울 '마을배움터'. 서울시의 위탁을 받아 '품 청소년문화공동체(이하 품)'라는 민간단체가 운영할 거란다.

지난 30여 년 동안 서울 강북 지역에서 청소년운동을 해온 품은 이 새로운 도전에서 길을 잃지 않기 위해 무슨 준비를 하고 있는지, 어떤 문제의식으로 어떤 질문을 던지고 있는지 궁금했다. 그 질문은 단순히 품의 것만이 아닐 터이기 때문이다. 품의 리더로 오랜 기간 활동해온 심한기 대표와 이야기를 나눠보았다.

_김경옥(공간민들레 대표)

민과 관이 협력한다는 것

김경옥(이하 김) 누구보다 치열하게 질문을 던지면서 활동해온 품이 관과 손잡고 '사업'을 시작한다니, 반전이다. 서울시 위탁사업으로 마을배움터를 시작하게 된 계기는?

심한기(이하 심) 서울의 도봉, 강북 지역은 품이 활동을 시작한 90년대만 해도 서울이라고 할 수도 없는 곳이었다. 녹지가 많고 무엇보다 저렴한 동네였다. 품도 초기 8~9년은 지역을 기반으로 하지 않았다. 당시는 다들 전국 단위로 활동했다. 오히려 지역에 묶이는 걸 싫어하는 경향이 강했다. 우리도 보따리 들고 전국을 다니며 활동했다.

근데 10주년 기념 포럼을 하면서, 남는 게 없구나 싶었다. 청소년활동을 해왔지만 인연이 이어지지는 않았다. 공허했다. 그래서 지역에 기반한 활동을 시작했다. 벌써 20년 전 일이다. 지역에서 해보니까 너무 좋았다. 중학교 애들이 고등학교 가는 것도 보고, 같이 뭘 하고….

지금 품에서 함께하는 친구들이 다 그 무렵 만났던 친구들이다. 양수라는 친구는 중학교 때 축제 기획단이었는데 서른한 살이 되어 품 식구가 되었다. 대학 가서 회계사 공부를 하다가, 여기서 같이 나눴던 질문들을 떠올렸다고 한다. '회계사는 내 길이 아닌 것 같다' 하고는 여길 선택했다. 만나는 사람들과 함께 품의 고민도 확장되고 깊어졌다. 청소년이 청년이 되니, 청년의 삶을 고민하게 되고, 청년의 자립도 우리 숙제가 되었다. 이제는 자연스럽게 주민들, 마을 문제도 고민한다. 그럴 때 이 사업 제안을 받았다. 서울시 마을공동체종합지원센터와 함께 3년 동안 추진했던 '강북 마을이 학교' 프로젝트를 하면서 마을과 배움에 대한 구체적인 고민과 도전을 할 수 있게 되었다. '마을배움터'는 서울시 위탁사업이라기보다 우리가 활동해온 역사의 '종합판' 같은 것이라고 할 수 있다.

김　새로운 도전이었을 텐데… 민관 협치의 현실적 문제는 서로 쓰는 언어가 다르고 서로를 잘 모른다는 데 있는 것 같다.

심　맞다. 우리는 같은 언어를 쓰고 있다고 생각하지만 서로 다른 언어를 가지고 있다. 민관 협치는 각자의 분야에서 쌓아온 역량, 언어와 문화 또는 오래된 관행 등의 접촉과 충돌로 시작된다. 그렇기 때문에 서로 다른 관점을 조율해갈 수 있는 이해 조정의 과정이 필요하다.

지금 우리가 시작한 게 서울시 마을배움터 1호다. 그러니까 아무것도 정해진 게 없는 거다. 이제 품은 공공 영역으로 들어가 새로운 공공의 가능성을 만들어보려고 한다. 우리가 바로 공공의 한 주체니까. 우리는 관의 지원을 받는 게 아니라 공공의 지원을 받는 거다. 그래서 공적 지원을 받는 위탁시설에서도 저렇게 해도 되나, 저런 시스템도 공공이라고 할 수 있나 하는 걸 보여주고 싶다. 물론 시간은 좀 걸릴 것이다.

물리적인 공간이 만들어지기도 전에 마을배움터 사업은 벌써 스타트했다. 이런 방식으로 일이 진행된 사례도 없을 것이다. 우리가 꿈꾸던 그대로 공간 설계도 같이 하고 있고, 사람들과 의논하면서 관계를 넓혀가고 있다. 이런 우리의 활동방식과 내용이 공공성을 다시 해석하는 일이기도 하다. 기존에 정해진 룰대로 가지 않아도 공공적일 수 있다는 걸 보여주고 싶다.

김　민들레도 비슷한 생각을 하고 있다. 부족하긴 했지만 '스스로 서서 서로를 살리는 교육'을 고민하고 실천하느라 애썼고, 무엇보다 공공성을 놓치지 않으려 노력했다. 우리 활동은 사적인 이익이 아닌 공공의 이익을 높이는 것이었으니, 공공의 지원으로 이뤄지는 게 옳다. 그리고 이런 생각을 하게 된 건, 이른바 관 또는 공공이 달라졌다는 판단 덕분이기도 하다. MB, 박근혜 정부때는 '가까이 하고 싶지 않은' 관이었는데 이제는 상당히 달라졌다고 느낀다. 그럼에도 민관 협치, 제 식으로 달리 말하면 민공 협치가 쉽지는 않다. 풀뿌리자치 차원에서 민이 해오던 일이 공공사업으로 되면 변질되는 일이 너무 많다.

심 서울시와 시설위탁 계약을 할 때 협약서 쓰는 일부터 핑퐁 게임을 하듯 서로의 의견과 판단을 조율했다. 결국 서울시와 품은 '수평적 관계를 통한 협력'이라는 방향으로 한걸음씩 나아가고 있다고 여겨진다. 행정도 사람이 하는 일이기에 마음을 열고 다가가다 보면 신뢰가 조금씩 축적되는 게 느껴진다.

품이랑 서울시 담당과 공무원들이 월례회의를 한다. 회의라고는 하지만 일종의 학습모임 같은 거다. 우리를 이해하는 데 도움이 되는 글을 같이 읽기도 하고, 서로의 생각을 나누는 워크숍도 하고, 같이 밥도 먹고… 한 차례도 빠짐없이 6~7개월 정도 했는데 서로에 대한 이해력이 달라졌다. 같은 한국말을 쓰면서도 통번역이 필요했는데, 이젠 그러지 않고도 이해되곤 한다. 그뿐 아니라 일과 관련해서 우리가 고민하던 게 정리되면 그 고민의 궤적을 공무원들한테 보내준다. 결론만 말하는 게 아니라 과정을 계속 알린다. 이렇게 노력하다 보면 통할 거라 생각한다. 물론 담당자는 계속 바뀐다. 그래도 소통하려고 마음먹으면 힘들지만은 않다.

운동과 사업의 사이에서

김 사실 '마을'이란 보통명사가 고유명사로 불리기 시작하던 무렵부터 목에 가시가 걸린 듯 이 말이 불편했다. 가령 같은 동네에 살지만 성산동 사람과 성미산마을 사람은 엄연히 달랐다. 아이가 다니는 학교도 반찬거리를 사는 가게도 달랐다. 아이들의 놀이터도 어른들이 모이는 카페도 달랐다. 성미산 주변에 사는 특정한 사람들이 '성미산마을'이란 이름을 독점해도 되는 걸까? 이 경계는 누가 만드는 걸까? 이게 우리 사회의 변혁에 어떤 도움이 될까? 우리끼리 잘 먹고 잘 사는 거 자랑질하는 건 아닐까? 이런 자학성 질문이 이어지곤 했다. 우리의 실천이 동시대를 살아가는 사람들의 보편적 삶이 되기 어려울 때, 우리가 그 삶을 선점한 듯한 뉘앙스를 풍기는 게 마음에 걸렸다.

심 강북에도 삼각산재미난마을이 있다. "우리 재미난마을에 살아." 그렇게 말하는 게 서로 말이 통하는 사람들 안에서는 나쁘지 않다. 근데 다른 관점으로 보면 섬이다. 그 섬이 의도치 않게 다른 사람들 삶에 지장을 줄 때가 있다. 열등감을 준다든가. 교육철학도 훌륭하고 좋은데, 오히려 아이들의 평범한 일상과 삶으로 연결되기 어려운 점이 있는 것 같다. 사람들이 마을이라는 말에 갇혀 사는 건 아닐까 하는 느낌도 들고.

김 성미산마을이나 재미난마을은 말하자면 '교육적 마을 만들기'를 해왔다. 교육적 마을 만들기란, 집을 나서면 언제든 좋은 사람을 만나고 건강한 문화적 자극을 받을 수 있는 교육환경을 만드는 일일 것이다. 이런 마을이 확산되는 건 좋은 일이다. 더 많은 사람들이 성미산마을 사람들처럼 살 수 있으면 정말 좋겠다. 그럴 수 있으려면 우린 무엇을 어떻게 해야 할까 이런 고민이 채 깊어지지 않았는데, 정책과 사업 바람이 불어버렸다.

정책 입안자들은 선의로 이런 마을을 확산시키면 좋겠다고 했겠지만, 채 준비가 안 된 상황에서 너무 빠르고 광범위하게 정책 바람이 불어 어려움이 많은 것 같다. 성미산마을이나 재미난마을 사람들이 살아온 그 시간과 과정을 그대로 복제할 수도 없고 그렇게 해서도 안 되겠지만, 그들의 문제의식이나 지향, 질문을 복제하는 건 필요하다고 본다. 그 문제의식과 질문을 가지고 우리 동네에서 가까운 사람들과 우리의 조건을 놓고 문제의식을 다시 가다듬고 질문하고 풀어가는 과정을 만들어가야 하지 않을까.

심   마을도 그렇고, 풀뿌리시민운동, 빈민운동이 90년대를 지나면서 지역에 뿌리를 내리고, 지역운동으로 변환되고, 그게 마을운동까지 이어져서 이제는 정책화되어 예산이 내려오게 됐다. 그러면서 각자가 만든 마을 안에 갇혀 지내고 있는 것 같다. 원래는 분절된 사회를 서로 연결하자는 것이 우리의 꿈이었는데, 그 꿈을 가능케 한다는 정책이 펼쳐지면서 역설적으로 갇혀버린 느낌이다. 마을의 확장을 위해서는 결국 사람이 준비되어야 한다. 그러려면 싸우기도 하면서 서로 알아가는 과정이 있어야 하는데 정책 사업에서는 이런 과정들이 생략된다. 그러면서도 그 과정을 거쳐야만 나올 수 있는 결과물을 기대한다. 사업계획을 세운 대로 일을 해야 하고 12월까지 정산을 못 하면 내년 예산을 못 받는다. 그 속에서 질문하고 사유할 여유가 없다. 자기가 갇혀 있다는 걸 인식할 수 있는 여유도 없다. 그런 와중에도 결과에 대한 기대치는 계속 높아져가고….

그러다 보니 양적 성장은 되지만 질적 성장이 되기 힘들다. 혁신교육에 20억이 투자되는데 그 많은 돈이 거의 다 프로그램 운영에 쓰인다. 그러니까 수백 개의 프로그램이 돌아간다. 프로그램에는 교사가 필요하니까 교육혁신지구 또는 마을교육과 관련해 '마을교사' 양성이 활성화되고 있다. 자체 연수를 거쳐 배출된 마을교사가 매년 늘어 강북구의 경우 마을강사협동조합 조합원 수가 2백 명이 넘는다. 반가운 일이기도 하지만 우리가 아이들을 왜 만나는지, 아이들에게 마을은 무엇인지, 이런 것들에 대한 깊은 질문은 잘 보이지 않는다.

김 사람이 중요하고 그 사람이 모이는 것도 너무 중요한데, 그렇게 맥락 없이 모이는 건 염려스럽다. 만남이 사업이 되면 일상과 멀어지기 마련이다. 교육에서 일상성은 정말 중요하다. 말이가 닿는 것도 중요하고 지구 저 건너편에 있는 사람들과 통하는 것도 좋지만, 일상적으로 영향을 주고받는 가까운 시공간인 '일상과 지역'을 우리 고민의 맥락에서 재구조화하는 것이 우리가 하려는 일일 것이다.

　반복되는 말이지만, 한 인간의 성장은 그를 둘러싼 모든 것들이 그에게 스며들어 영향을 미치면서 이뤄지는 거니까 그런 면에서 교육과정은 한 인간이 속한 시공간을 구조화하는 것이라 할 수 있겠다. 대안교육에서 '삶이 교육'이라는 말을 쓴 것도 같은 맥락일 것이다. 물론 그 시공간을 일관되게 구조화하는 건 불가능할 것이다. 요즘 아이들에게 가장 강력하고도 지배적인 환경인 '유튜브'는 유튜브 스스로도 컨트롤할 수 없으니까. 하지만 삶에서 우연성이나 통제 불가능성은 결코 나쁜 것이 아니다. 그게 삶을 살아 있게 만드는 거니까.

심　우리가 마을배움터를 구상하고 설계한 기본 지침이 바로 그거다. 서로가 서로에게 영향을 주고받는 아지트 같은 곳이 '마을배움터'라는 공간이다. 이 동네뿐만 아니라 가까운 노원, 도봉, 성북 등지에서 그런 움직임이 있다면, 공공의 재원으로 지지하고 응원하는 게 마을배움터가 해야 할 일이다. 마을배움터는 마을 사람들과 문화가 섞이는 베이스캠프이면서, 그런 움직임을 응원하는 지원단이기도 하다. 마을배움을 상상하고 실천하는 다양한 주민들, 사람들의 즐거운 공유지로 자리 잡고 싶다. 마을배움터에는 누구나 편하게 드나들 수 있는 멋진 카페를 만들려고 한다. 거기서는 40~50대 활동가와 청소년들이 한 테이블에 있기를 바란다. 상상만 해도 썰렁하지만, 문화적인 언어와 장치를 넣어 관계를 이어주고 싶다. 50대 아주머니가 바리스타가 되어 부스를 운영하고 거기 청소년이 와서 커피 사 마시면서 같이 얘기 나누고, 자주 오는 아줌마와 그렇게 자연스레 만나면서 몇몇이 뜨개질을 시작하고, 뜨개질하면서 아이들은 엄마 흉보고 엄마들은 자기 딸 흉보다 보면 세대교감이 이루어지고 서로 이해가 되면서 배움도 일어날 것이다.

장르화를 경계하며

김 대안교육도 그렇지만, 마을교육도 마을 만들기도 마치 그런 전문 분야가 있는 듯이 인식되는 게 항상 고민이었다. 대안교육도 그 핵심에는 통섭과 연대의 원리 같은 게 있었고, 마을 관련 운동은 더 그래야 한다고 여겨진다. 교육은 한 인간의 성장을 돕는 그 모든 것이고, 마을은 그 모든 것이 일어나는 곳이니까, 전문화하고 영역화하고 매뉴얼화하기를 경계하고 또 경계해야 하지 않을까 싶다.

마을교육, 마을배움터, 마을교육공동체라는 새로운 장르가 생긴 것처럼 얘기되는 것 같아서 안타깝다. 소위 전문가라는 사람들이 생겨나고 그들을 쫓아다니면서 "매뉴얼 주세요" 하는 사람들도 생겨나는 것이. 사는 데 전문가가 어디 있고 매뉴얼이 어디 있을까. 누가 마을과 삶의 정석을 말할 수 있을까.

심　우리 '마을배움터' 자문위원회 격인 참견위원회에 김경옥 선생님이 와서 던진 말을 아직도 기억한다. "마을교육, 마을배움이 또 하나의 장르가 되지 않아야 한다." 마을배움터를 시작하며 들었던 많은 말들 중에 가장 짜릿한 조언이었다. 위탁시설이라는 '공간'의 한계를 넘어서고, 공공의 한계를 넘어서고, 마을과 배움을 고유명사로 만들려는 움직임을 경계하면서 가고 있다.

어떤 활동이 정책이 되고 사업 이름이 정해지면 그 이름에 갇히게 되는 것 같다. 그동안 품이 해온 활동은 청소년을 학생, 미숙한 사람, 보호 대상… 이런 식으로 틀 지우는 걸 깨려고 했던 거다. 최근 청소년에게 자율권을 주자 그러면서 청소년기획단도 생기고 청소년 축제도 여는데, "어른 사절!" 그러면서 극단으로 치닫는다. 다양한 관계가 만들어지면서 성장하는 건데 말이다.

근래에는 청년이라는 게 고유명사화되면서 청년들마저도 그 안에 갇히게 되는 것 같다. 실제로는 청년활동 속에 마을활동이 묻어있고. 한데 말이다. 시에서 청년청 만들고 청년의회 만들고 하면서 정책과 돈이 쏟아지고 있는데, 당사자들은 오히려 그 안에 갇히는 느낌을 받는다. 청년들도 워낙 압박과 열등감을 많이 느끼고 있어서 열린 자세를 갖기가 힘든 것 같다. 어떤 청년들은 기성세대가 하는 제안을 일단 부정하며 들어간다. 만날 수 없다는 걸 확신하고 들어간다. 청년만 남겠다, 그러면 곤란하다. 장르를 나누게 되는 걸 경계해야 한다. 세대가 갖고 있는 특성만으로 규정하지 말고 한 인간으로서의 욕망이나 지향에 주목해야 하는데, 예산이 책정되는 과정에서 그렇게 틀 지워지는 게 있다.

지금까지 우리 배움의 중심에는 축제가 있었다. 문화적인 요소가 많았고 그 안에서 모든 걸 녹여낼 수 있었다. 처음엔 축제를 한 해에 한 번 했는데, 하다 보니 아쉬웠다. 그래서 한 달에 한 번 장터를 열었다. 그때의 모토가 탈세대, 탈지역, 탈문화여서 시장 이름도 '탈탈탈'이었다. 우리도 앞으로도 경계를 만들거나 장르화되는 것에 민감하게 반응할 것이다.

김 마을배움터는 결국 교육생태계의 다양성을 살리는 일이 아닐까 싶다. 가정과 학교만으로는 아이들을 잘 키우기가 어렵다는 걸 다들 인식하기 시작했기 때문일 거다. 앞으로 더 다양성이 살아 있는 생태계가 되어야 한다고 본다.

심 우리도 처음 마을배움터를 구상할 때는 '마을교육의 생태계를 만든다'고 했다가 너무 거창한 말만 하는 것 같아서 나중에는 표현을 바꿨다. '공유지를 만드는' 거라고. 이 공유지에서 사람들이 만나고 문화가 만나면서 서로 영향을 주고받기를 바란다.

박찬국 선생님 말씀처럼 대한민국에선 플랫폼을 다 구상해놓고 사람들한테 오라고 하는데 그게 아니라, 모이다 보면 플랫폼이 되는 거다. 마을배움터가 누구의 욕망도 공감하고 응원하는 공유지가 되었으면 한다.

자꾸 말이 거창해지는데 그냥 다들 잘 배우면서 잘 살 수 있도록 돕고 싶다. 품 활동가들도 자기가 좋아서 하는 일이지만 살기는 팍팍했다. 뜻있는 일을 하는데 자존감을 지킬 수 있을 정도의 보상을 받고, 그 안에서 성장도 했으면 좋겠다. 그리고 우리의 이런 경험이 다른 이들에게도 전해지면서 새로운 공공성이 만들어지기를 희망한다.

길 마을배움터에서는 어린아이부터 어른까지 서로 배우고 가르친다는 것도 잊은 채 평화롭고 즐겁게 만나면 좋겠다. 흔히 하는 평생교육 프로그램이 아닌, 영역과 분야를 넘나들면서 건강하게 살아가는 사람들이 서로 배우고 가르치는 마을배움터가 되기를 기대하고 품의 실천을 응원한다.

(vol. 122, 2019. 3-4)

"마을교육공동체,
사업이 아니라 삶입니다."

_공릉청소년문화정보센터 이승훈 센터장에게 듣는다

전국적으로 마을교육공동체 운동이 정책화되면서 기대만큼이나 우려의 목소리도 크다. 성과 중심으로 형식화되지 않을까 하는 것이다. 서울시 노원구청이 설립하고 성공회대학교 산학협력단이 운영하는 공릉청소년문화정보센터는 공공기관답지 않게 '주민자치의 마을교육력'을 잘 살려가고 있다는 평을 듣는다. 청소년 공간에서 어린이와 일반 주민들이 세대 구분 없이 어울리며 상생의 에너지를 내고 있다는 점도 주목할 만하다. 공공기관에서 마을과 교육을 어떻게 연결해가고 있는지, 그들이 지향하는 '마을교육'은 무엇인지, 공릉청소년문화정보센터의 이승훈 센터장을 만나 이야기를 들어보았다. _편집실

"청소년에게만 집중하지 않으려 애쓰고 있어요."

2010년 공릉청소년문화정보센터(이하 공터)가 생길 무렵, 이 지역은 납골당 설립 계획 때문에 갈등을 심하게 겪고 있었어요. 주민들 반대로 납골당 계획은 취소됐고, 이 자리에 청소년센터가 들어오게 된 거죠. 주민들 입장에선 청소년시설 역시 달갑지 않았죠. 납골당보다야 낫지만 '걱정스러운 아이들, 소위 비행청소년들이 오갈 거'라는 선입견이 있었던 거죠. 서울의 변두리라는 지역적 콤플렉스에 더해진 구청과 주민들 간의 깊은 불신과 갈등 과정을 지켜보면서 '우리 센터가 이 지역을 평화롭게 만드는 일을 해야겠구나, 그게 우리 역할이구나' 하고 생각했어요.

청소년센터가 들어온다니까 자녀를 둔 주민들은 어떤 혜택을 누릴 수 있을까 기대하기도 했어요. 하지만 서비스 중심으로 방향을 잡았다면 우리 역시 이 지역에서 비판의 대상이 되고 갈등의 중심이 되었을 겁니다. 주민들과 함께 만들어가는 청소년센터가 되어야겠다, 마을의 느티나무 같은, 우물가 같은 공간이 되어 마을의 공기를 바꿔가보자, 처음부터 그렇게 방향을 잡았어요.

저는 공터에 오기 전까지 마을공동체 활동으로 잘 알려진 부산 반송동에서 일했어요. 마을을 사랑하는 주민들 사이에 그 지역을 살기 좋은 곳으로 바꿔보자는 작은 움직임들이 있었는데, 그들과 공공정책이 만나 '교육복지투자우선지역 지원사업'이라는 긴 이름의 사업이 시작됐죠. 보통 '교육'이란 이름을 붙인 사업은 대상자 중심, 학교 중심으로 진행되기 마련인데 이 사업의 취지는 지역의 교육력을 성장시키자는 거였어요. 그곳에서 초창기 멤버로 일하면서 '지역주민들과 공공기관이 힘을 잘 합치면 사회가 한 단계 성숙할 수 있다'는 좋은 경험을 했어요. 공터를 시작하면서도 '교육 문제로 자주 모이다 보면 동네의 공기를 진짜 바꿀 수도 있지 않겠나' 이런 기대를 품게 됐죠.

청소년센터지만, 의도적으로 어린이와 청소년에게만 집중하지 않으려고 애쓰고 있어요. 그들의 삶이 따로 떨어져 있는 게 아니라 주변 어른들의 일상과 다 연결되어 있으니까요. 어른들은 꿈꾸지 않으면서 아이들한테만 꿈꾸라고 하면 그게 되겠어요? 자기가 살고 있는 공간에서 하루하루 실제로 변화를 만들어나가는 어른들을 봐야 아이들도 꿈을 가질 수 있게 되죠.

공터를 시작하면서 구성원들하고 '열 가지 중요한 일'이라거나 '일하는 사람들의 다짐과 자세' 같은 원칙들부터 같이 만들었어요. 청소년문화의집과 도서관이 공존하는 복합시설이라 함께 일하는 분들도 사서, 청소년지도사부터 상담사, 사회복지사, 평생교육사까지 정말 다양하거든요. 이곳에서 일하고자 하는 뜻은 서로 크게 다르지 않겠지만 그게 명확하게 정리되지 않으면 사람은 자기가 경험하고 배워왔던 것에만 끌리기 마련이에요. 하나의 조직이 되려면 우리가 추구하는 게 무엇인지 공동의 목표를 우리

아파하고, 공부하고, 행동하는 '생각하는 일꾼'들의 다짐 7가지

1. 마을의 교육력을 믿고 마을 지향으로 일합니다.

2. 마을의 변화를 위해 스스로 활동을 펼쳐갑니다.

3. 열린 자세로 동료, 이웃, 청소년과 더불어 함께합니다.

4. 작은 일도 정성스럽게, 책임을 가지고 일합니다.

5. 새로워지고 깊어지기 위해 나날이 배우고 익힙니다.

6. 좌절, 낙담, 회피, 비난하지 않습니다.

7. 성실, 성취, 성찰, 성장 그리고 쉼의 중요성을 기억합니다.

_ 공릉청소년문화정보센터 홈페이지 (www.gycenter.or.kr)

들만의 언어로 정리할 필요가 있었어요. 자율권을 주기 위해서라도 그래야 한다고 생각했어요. 우리 조직이 어디로 가고 있는지 구성원들이 잘 이해하고 있어야 각자 가진 권한을 의미 있게 쓸 수 있겠다 싶었던 거죠. 저는 리더로서 '이런 게 필요하지 않을까' 질문하고 제안하는 역할을 해온 거고요.

"자기 삶터를 긍정하는 일은 자기 존재를 긍정하는 일이에요."

마을과 교육을 어떻게 연결할까, 마을교육공동체를 기획하시

는 많은 분들의 고민일 텐데요. 제가 경험해보니 가는 곳마다 저보다 그 마을을 사랑하는 분들이 꼭 있었어요. 항상 나보다 이 마을을 더 생각하고 애쓰는 사람들이 있다고 믿고, 그 사람들을 발견하는 게 저의 일이라고 생각해왔어요. 같은 곳에 있으면서도 혼자라고 느끼는 사람들을 연결시켜 주는 게 공공의 일이라고 봤고요. 그분들을 찾아가고 초대하고 연결하면서 서로 같이 해볼 일들이 생겨나는 거죠. 마을교육도 기관이 일방적으로 제공하는 몇 가지 서비스로는 한계가 있어요. 그 한계를 넘어서는 방법은 나보다 지역에 관심도 많고 잘 알고 있는 사람들을 찾아 협업하는 거예요. 그런 면에서 요즘 유행하는 '마을 만들기'라는 말은 좀 적절치 않고요. 저는 '마을 발견하기' '마을의 공기 바꾸기'라는 표현을 씁니다.

처음 공터가 생겼을 때 어떤 아이가 했던 말이 생각나요. "엄마가 그랬어요. 돈 벌면 중계동으로 이사 갈 거라고." 어쩔 수 없이 머물고 있지만 돈 벌면 곧 떠날 곳이라고 생각하며 살고 있었던 거죠. 부모들이 "여긴 교육 여건이 안 좋아, 교통이 안 좋아" 하는 식으로 결핍 중심으로만 얘기하면 아이들도 자기가 사는 마을을 '안 좋은 곳'으로 인식하게 돼요. 그게 아이들 정서에 좋을 리가 없잖아요. 그럼에도 저는 아이들이 사는 곳이 그들의 뿌리이자 우주라고 생각해요.

자기 삶터를 긍정하는 일은 자존감을 살리고 자기의 뿌리, 자기의 존재를 긍정하는 일이에요. 그게 바탕이 되어야 건강한 자아로 설 수 있는데 우리는 어릴 때부터 지금 머무르는 곳을 사랑하지 못하고 그 다음 단계, 자꾸 더 높은 곳을 바라게 되잖아요. "저기로 가야겠다, 저렇게 돼야 한다" 하면서 말이죠. 가고 싶지만 가지 못하는 그곳과 비교하면 자신은 항상 무언가 모자라고 부족한 사람이 돼요. 다행히도 요즘 이 지역에 애정을 가진 아이들이 많아졌어요. 지역 청소년들이 공터를 중심으로 사람들과 관계를 맺고 성장하는 사례들도 늘고 있고요.

지역을 잘 아시는 분들이 '마을여행'이란 걸 기획했는데, 가까운 공릉중학교에서 학생들과 함께할 수 있는 기회를 마련해주셨어요. 선생님이 교육복지 대상 아이들한테 마을여행을 해달라고 먼저 부탁을 해오셨죠. 정성스런 선생님의 요청에 마을여행단 선생님들도 마음이 동하셔서 '어려운 일 같지만 해보자' 하고는 그 청소년들과 몇 차례 마을여행을 했어요.

마을여행은 태릉, 강릉 같은 지역의 문화유산을 둘러보기도 하고, 경춘선 따라 생태를 관찰하기도 하고, 불암산에 얽힌 역사 이야기도 듣고, 마을협동조합에 찾아가보기도 하고, 마을주민들 중에 스토리가 있는 분들을 만나 애기도 나누고, 다양한 방식으로 꾸려지는데요. 처음엔 쭈뼛대던 아이들이 마을여행을 하면서 자기가 사는 마을을 재미있고 의미 있게 해석하는 사람들을 만나니까, 나중에는 "저, 이 동네 살아요" 하고 자신 있게 말하게 되더라고요. 마을여행이 끝나고도 아이들이 어깨 쫙 펴고 센터에 찾아오는 거예요. 여기 오면 자기 이름을 기억해주는 사람도 있고, 자기가 아는 사람도 있으니까 좋은가 봐요. 들어서면서부터 "○○ 선생님!" 하고 큰소리로 부르는데, 자신감이 많이 생겼구나 싶었어요. 그러면서 아이들이 자기의 뿌리, 자기의 이름을 찾게 되는 거 같아요.

"우리 마을엔 든든한 이웃과 도서관 일촌, 백인백색의 사람들이 있습니다."

마을교육이 자리 잡는 데 많은 도움이 된 모임이 '든든한 이웃'과 '도서관 일촌'을 바탕으로 한 '꿈마을공동체'예요. '든든한 이웃'은 2011년쯤, "내 자식 잘 키우고 싶지만, 혼자 잘 키우기는 어렵다" 하는 부모들 중심으로 만들어진 자원봉사조직이에요. 그중에는 납골당 반대 운동 이후 성취감과 함께 약간의 공허함도 느끼면서, 동네를 좀더 따뜻한 공동체로 만들고 싶다는 마음을 품고 있는 분들도 있었죠. 자발적 모임으로 시작해 지금은 비영리단체로 독립된 의사결정구조를 가지고 있고요. 공부모임을 만들고, 『민들레』를 함께 읽기도 하고, 공터 1층에 재활용 매장 '보따리'를 운영해 수익금을 마을교육에 보태기도 해요.

'든든한 이웃'과 함께 '백인백색 편찬위원회'를 꾸려서 마을 사람들 이야기를 사람책으로 엮었어요. 보통은 마을자원을 소개할 때 '어디 가면 뭘 할 수 있다'고 기관이나 프로그램 중심으로 소개하는데, 「백인백색」은 마을 사람들이 어떻게 사는지, 어떤 꿈을 가지고 살아가는지 알아보자 하고 청소년들과 동네 어른들을 찾아다녔죠. 단편적인 이야기들만 나오니까, 나중엔 질문을 좀 바꿨어요. "10년 후 자신의 모습을 이야기해주세요" "죽기 전에 꼭 하고 싶은 일 세 가지를 말씀해주세요" 이런 식으로요. 어떤 분은 뭐 이런 걸 물어보냐고 화를 내시기도 하고, 어떤 분은 이야기하다가 우시기도 했어요. '이분들의 인생에도 이런 질문들이 필요했구나'를 느꼈어요.

인터뷰에 재미를 붙인 청소년들이 "왜 어른들한테만 물어보냐" 해서 그때부터 동네 친구들 인터뷰도 했죠. '내 친구의 덕질에 대해 알아보자' 하다가 나중에는 '우리 마을에서 덕질하는 친구들을 찾아가보자'까지 발전했는데 아이들이 아주 재미있어 했어요. 해마다 축적된 인터뷰 자료로 「백인백색」이라는 자료집을 만들어 학교 선생님들에게 나눠드렸더니, 학교에서 아이들 진로교육에 활용하기도 했어요.

'도서관 일촌'은 도서관학교라는 연속 강좌에 초대된 분들이었는데, 강좌가 끝나고도 헤어지기 싫어서 이웃이 되었고, 이름처럼 이웃을 넘어 일촌이 되었어요. 북스타트, 빛그림책 읽기, 헌책축제 같은 도서관 일뿐만 아니라 마을협동조합, 육아모임리더,

북카페 운영 같은 활동에 씨앗이 되었죠.

'꿈마을공동체'는 2012년 마을 축제 '꿈 나르샤'를 계기로 탄생했어요. 청소년과 지역활동에 관심 있는 사람들 한 분 한 분 찾아축제에 초대하며 인연이 이어졌고요. 지금은 한 달에 한 번 모여 마을 일을 논의하고 진행해요. 지역 학부모님들부터 복지관, 마을생협, 북카페에서 일하는 일꾼들까지 마을교육에 관심 있는 이라면 누구나 자발적으로 참여할 수 있어요. 만 7년 동안 한 번도 거르지 않고, 매달 적게는 20명, 많게는 50명 넘는 사람들이 모여왔어요. 느슨한 모임이지만 목적은 분명해요. '우리는 다 함께 잘 사는 공동체, 살맛나는 공릉동을 꿈꾼다'는 거죠.

청소년 공간에 어른이 있으면 아이들이 불편해한다, 자치력이 떨어진다, 이런 말들을 하시는데요. 물론 청소년 입장에서는 어색할 수도 있어요. 어른이란 존재는 아무리 잘해줘도 불편해할 때가 있죠. 그런데 청소년시설에는 청소년만 드나들어야 한다는 말에 저는 동의하지 않아요. 어린이와 청소년에게 좀더 집중해야 한다는 뜻에서는 맞는 말이지만, 저는 그들을 중심에 놓고 환대하는 문화만 있으면 된다고 봅니다.

공터에 드나드는 어른들도 이곳이 청소년들이 우선인 공간이라는 걸 인지하고 계세요. 그래서 언제든 비켜줄 자세, 양보할 준비가 되어 있죠. 청소년들도 이곳이 어른들과 같이 이용하는 공간이라는 것은 알지만, 눈치를 보거나 그러지 않아요. 오히려 어른들과 연결되는 걸 좋아하기도 해요. 환경문제에 관심이 있는 친구가 있었는데, 이 문제에 관심 없는 또래들보다 환경에 대해 대화를 나눌 수 있는 어른들을 만나는 게 더 편하고 재미있다고 하더라고요. 그냥 나이가 같다고 연결되는 건 아니고, 말이 통하고 생각이 비슷하면 어른하고도 친구가 될 수 있는 거죠. 어린이부터 어른까지 세대가 섞여 있는 공터에서의 만남이 청소년들에겐 낯설지만 새로운 경험이기도 할 겁니다.

"학교가 마을교육을 쇼핑하듯 하면 안 돼요."

마을교육공동체를 시작할 때 마을과 학교를 어떻게 연결할까 하는 고민도 많이들 하시는데요. 하루하루 바쁜데 갑자기 마을공동체교육 정책이 내려오면 학교 선생님들은 당황하시죠. 그러다 보니 마을 사람들을 초대하고 연결하기보다 "저희 아이들한테 해주실 프로그램 없어요?" 하면서 마을교육을 쇼핑하게 되는 거죠. 더 손쉽게, 저렴하게 무상으로 제공받을 프로그램은 없을까 하면서요.

저는 마을에서 가장 힘 있는 조직 중 하나가 학교라고 봐요. 그래서 학교가 나서서 마을사람들의 끊어진 관계를 이어주기 위해 노력해야 해요. 학교가 어떻게 일하려고 하는지, 교장 선생님의 철학이 뭔지, 아이들 교육에서 마을은 어떤 의미가 있는지 주민들과 함께 나눠야죠. 예를 들어 '진로교육, 어떻게 할까' 이런 주제로 주민들을 초대해서 "학교 혼자 힘으로는 부족하니 도와주세요" 해야 주민들과 관계가 생기고 다음 일을 도모할 수 있어요. 그런 노력 없이 지역의 자원을 쇼핑하듯 하면 주민들은 '학교가 우리를 이용하고 있다' 하는 생각밖에 안 들죠.

저는 학교도 하나의 마을이라고 생각해요. 마을교육도 중요하지만, 이미 많은 아이들이 몸담고 있는 학교를 그런 공동체로 만들어가는 것도 중요하죠. 어떤 친구에게는 작은 동아리가 하나의 마을일 수도 있으니까요. 한번은 공터가 주선해 인근의 여고 친구들과 프로젝트 활동을 한 적이 있어요. 학교 안에 버려진 운동기구를 정리하고 정비하는 단순한 활동이었어요. 프로젝트를 끝내고 나서 한 친구가 그래요. "나도 쓸모 있는 사람이라는 걸 처음 알았다"고요. 공부도 잘 못하고 특출난 재능이 있는 것 같지도 않아서 있는 듯 없는 듯 살았는데, 이번 활동으로 자신이 이 공동체에 기여할 수 있는 사람이라는 걸 발견한 게 기뻤던 거죠.

마을교육공동체 활동을 할 때 청소년을 '교육의 대상자'로만 놓는 걸 제일 조심해야 해요. 이 친구들이 교육의 생산자, 주인으로 움직이는 게 중요하거든요. 공터 청소년들이 '반짝교실'이라는 걸 운영하는데 지우개 도장 파기 프로그램을 연다든지, 친구들에게 주짓수를 가르쳐준다든지, 나무젓가락으로 미니어처 만들기를 한다든지, 각자의 재능을 공유할 수 있는 자리를 공터가 주선해요. 사소한 것 같지만 누굴 대상으로 어떻게 할까, 계획서도 쓰고 수업 준비도 하는 과정을 무척 중요하게 여기고 있어요. 같이 반짝매점을 열어서 수익이 생기면 그 돈을 어떻게 쓸지도 같이 고민하죠. 기부 사이트 같은 데를 찾아보면서 자기가 관심 있는 일에 기부도 하고 사연도 같이 올리고, 이런 과정을 통해서 사회 이슈와도 가까워져요. 중1 친구들이 동네 길고양이 집 지어주기 프로젝트 같은 것도 하고, 고3 친구가 '너무 햇빛을 못 쪼이는 게 걱정이 돼서' 친구들을 초대해 걷기 모임을 만들기도 해요. 별 것 아닌 것 같지만 그런 활동을 경험한 친구들에게는 사회를 신뢰할 수 있는 힘이 생겨요.

시스템이 너무 거대해 보이니까 아무것도 할 수 없다고 느끼는데, 이런 친구들이 '시작된 변화'라는 이름으로 활동을 하는 거거든요. 저희는 '정조준보다 오조준'이라는 표현을 많이 써요. 특히 학교는 학생들에게만 정조준해야 한다는 강박을 갖고 있는 것 같아요. 저희는 청소년들에게 제공할 프로그램을 기획하는 게 아니라 '우연한 만남을 통한 변화' '예기치 못한 자극' 말하자면 비형식적인 이런 틈새에 아이들의 성장이 있다고 보고 그 기회를 만들어주려고 해요.

그런 면에서 마을교육을 할 때 좋은 이웃들을 발견하는 게 무척 중요하죠. 일반적인 교육사업에서는 프로그램의 대상이 되는 청소년에게만 관심을 갖지, 청소년들과 연결된 마을주민들한테는 어떤 정책적 노력이나 교육적 노력은 잘 안 하는 게 아쉬워요.

"문제 중심으로 보지 않고,
우리에게 있는 힘 중심으로 봐요."

우리 사회가 너무 증거주의에 사로잡혀 있는 거 아닌가 싶어요. 확인하지 않아도 그냥 알 수 있는 게 있잖아요. 아이들을 정성을 다해서 만나고, 지역에서 같이 어울리다 보면 단단하게 클 수 있다는 거. 그 증거를 확인하면 속 시원하긴 하겠지만, 그러기 위해서 한 개인을 너무 파헤치거나 성과 중심으로 통계를 내는 건 지양해야 한다고 봐요. '꼭 키를 재봐야 큰 걸 아냐, 밥 먹으면 키클 거라 믿으면서 그냥 밥상을 차리는 거지. 기대만큼 안 크면 또 어떡할 거냐. 할 수 없지' 이런 마음으로 아이들을 만나는 거죠.

얼마 전 한 친구가 엄마랑 패스트푸드점에 갔는데, 자기가 주문을 했다고 자랑스럽게 말하더라고요. 이전까지는 엄마가 다 해줬는데, 공터 활동을 하면서 다른 사람과 대화하는 게 자연스러워져서 혼자서도 용기내서 할 수 있게 되었다고요. 매장에서 주문하는 거, 낯선 사람하고 대화하는 거, 생각보다 요즘 아이들이 어려워하는 일이거든요. 저는 그 친구가 스스로의 성장을 알아채고 있다는 사실이 더 놀라웠어요. 이곳에서의 활동이 삶에 실제적인 변화를 만들어낸 거잖아요.

요즘 마을교육공동체가 확산되면서 전국에서 공터에 견학을 오기도 하세요. 저희도 아이들과 주민들의 삶을 고민하면서 하나하나 만들어가고 있는 건데 이 하나의 사례를 마을교육의 해법인 것처럼 보실 때는 부담스럽기도 해요. 사실 학교에 비해 청소년 센터가 할 수 있는 일은 아주 미미하거든요. 우리가 모든 해법을 다 가지고 있다고 생각하지 않아요. 마을교육공동체가 만병통치약은 아니라는 거죠.

다만 '우리가 지금 할 수 있는 일이 이것 말고 더 있나?' 하는 고민은 늘 해요. 이게 지금 우리가 할 수 있는 최선이고 한 걸음이라면 이렇게 가는 게 맞다고 생각해요. 잘할 수 없는 것을 고민하다가 한 걸음도 못 나가는 것보다 낫죠. 공적 자금이 투여되는 공공기관으로서 '이 지역에서 우리가 만날 수 있는 청소년들, 이웃들과 함께 작은 것부터 하나씩 변화시켜 가보자' 하는 마음으로 천천히 가려고 해요. 문제 중심보다는 힘 중심으로, 우리가 할 수 있는 것, 우리에게 이미 있는 것에 초점을 맞춰요.

마을교육공동체를 가꾼다는 건 마을의 일상적인 공기를 바꾸는 것, 청소년들에게 익숙하지 않은 만남을 통해 자신을 확장할 기회를 갖게 하는 거예요. 학교에서 다 가르쳐주는 걸 마을에서 또 할 필요는 없죠. 주눅 들지 않고 자기답게 살아가는 다양한 사람들과 만날 수 있게 하는 게 저희의 고유한 역할이라고 생각하고 있어요. 공터는 앞으로도 마을의 교육력을 회복하기 위해서 주민들을 초대하고, 작은 공동체를 만들 수 있도록 주선하고, 공간을 빌려드리고, 재정을 투자하고, 마을교육 프로그램을 기획할 거예요.

'마을교사'라는 표현은 쓰지 않지만, 공터가 청소년들과 연결하는 이웃은, 평범한 주부로 '착한 바느질'이라는 동아리를 만들어 사람들을 엮어주고 있는 분, 다른 이웃들이 잘 되는 게 기뻐서 그런 일에 쫓아다니시는 그런 분들이에요. '일주일에 4시간 정도는 다른 이웃들 위해서 기꺼이 내보겠다' 하고 실천하시는 분도 있고요. 더 나은 세상을 위해 노력하는 어른들을 만나보는 게 마을교육의 핵심이라고 생각해요. 사람은 사람을 통해 서로 닮고 배워가니까요.

(vol. 122, 2019. 3-4)

2부
마을에서 함께 배우고 성장하는 사람들

'마을학교'를 살리자

마을은 '만드는 것'이 아니다. 사람이 '사는 곳'이다. '마을 만들기'가 아닌 '마을 살리기' 또는 '마을살이'라야 한다. 기왕의 '토건개발형 마을 만들기'는 '사회생태적 마을 살리기(마을살이)'로 패러다임 자체를 바꿀 필요가 있다. 마을이 품고 있는 사회적·인문적·문화적 요소와 자원들에 집중하고, 원(선)주민과 귀농인, 출향인 등 내부인의 인간다운 생활과 생존을 보장하여 삶의 질을 높여야 한다. 그러자면 '교육공동체'부터 만들어야 한다. 마을마다 '마을학교'를 열자. 마을에 학교가 살아남아야, 마을이 곧

정기석 _ 마을연구소(Commune Lab) 소장, 경남과학기술대 강사, 시인. 『마을학개론』, 『마을을 먹여살리는 마을기업』, 『농민에게 기본소득을』 등을 썼다.

학교가 되어야 마을도 살아남을 수 있다.

'작은 학교'를 지켜야 하는 이유

제주도 서귀포시는 2012년부터 농촌의 작은 학교를 지키려 애를 쓰면서 '농촌 작은 학교 희망 만들기'를 추진하고 있다. '농촌 작은 학교 빈집 정비 지원 사업'이 핵심 사업 과제다. 초등학교 자녀를 둔 농촌이주자들의 초기 정착을 지원하기 위해 주거공간을 제공한다. 신청 자격은 학생 수가 60명 이하인 작은 학교의 학구에 포함된 마을이다. 선정되면 빈집 수리 및 개축비로 1개소당 최대 6백만 원 한도에서 지원한다. 학교가 사라지면 마을이 사라지기 때문에 지방정부가 직접 나서서 지원하는 것이다.

그러나 정부(교육부)는 '작은 학교'가 영 마뜩치 않은 모양이다. "농어촌 소규모학교의 교육 여건을 개선해 적정규모 학교를 육성하겠다"며 자꾸만 작은 학교들을 통폐합하려고 한다. "작은 학교는 교육의 질을 담보하기 어렵고, 다양한 교육 프로그램을 운영하기에도 한계가 있다" "학생들의 대인관계가 제한적이어서 전인적인 교육이 어렵다"는 주장이다. 물론 전교생이 몇 명 되지 않는 리 단위의 학교를 꾸리는 건 현실적으로 쉽지 않을 것이다. 하지만 적어도 면 단위에 초등학교는 하나쯤 있어야 하지 않겠는가.

정부의 일차적인 기준은 결국 '돈(자본, 산업, 시장)'이다. 지방교육재정의 효율성과 형평성을 높이는 데 큰 학교가 유리하다는 판단이다. 그러나 마을주민과 지역사회 시민들의 생각은 다르다. 돈보다 사람, 마을, 공동체가 더 소중하다. 학부모, 교사, 학생들이 시민사회단체와 힘과 뜻을 모아 '농어촌 작은 학교 살리기' 운동을 멈추지 않는 이유다. 이들은 농어촌 자율학교 지정 · 운영, 농산어촌유학 활성화, 교직원 추가 배치 및 교원 우대, 농어촌 학교 폐교의 특례,[1] 완전 무상교육 실시 등의 구체적 대안을 끊임없이 제안하고 있다.

정부의 '작은 학교 통폐합' 정책이 강화될수록 학부모와 지역주민들이 앞장선 '작은 학교 살리기 운동'은 더욱 활발해지고 있다.[2] 1993년 경기도 가평 두밀분교 살리기 운동 이후 "인간 중심의 본질적 교육 가능성은 작은 학교에서 찾을 수 있다"고 생각하는 이들의 신념은 더 공고해지고 있다. 여러 학교에서 농촌유학을 연계하고, 생태적이고 문화적이고 인문적인 교육프로그램을 개발하고, 혁신학교로 지정받고, 지역주민과 학생, 학부모가 교

---

1 학교운영위원회와 협의 후 폐교 1년 전에 그 사유를 공고하고, 주민 총수의 3분의 2 이상의 서면 동의가 필요하다.

2 2000년 경기도 광주 남한산초, 2002년 아산 송남초〈거산분교〉, 2003년 완주 삼우초, 2005년 상주 남부초, 2006년 부산 금성초, 2007년 양평 조현초, 2008년 순천 별량초 〈송산분교〉, 이후 단양 가곡초〈대곡분교〉, 울주 궁근정초〈소호분교〉, 진안 장승초, 임실 대리초, 구례 토지초〈연곡분교〉, 영광 묘량중앙초교 등으로 사례가 이어지고 있다.

육공동체를 함께 일구며 다각적인 '작은 학교 살리기' 노력을 게을리 하지 않고 있다. 마을에 사는 사람들은 학교가 사라지면 마을도, 도시도, 결국 나라도 사라진다는 사실을 잘 알기 때문이다.

지역주민들까지 포용하는 학교

'작은 학교'가 살아남아야 '마을교육공동체'가 가능하다. '마을교육공동체'는 교육을 중심으로 학교, 마을, 자치단체가 역할을 분담하고 공동의 가치를 실현하려는 목표를 가진다. 한 명의 아이를 기르기 위해서는 마을이 학교가 되고 주민이 교사가 되는 새로운 교육패러다임을 지향해야 한다. 협력과 나눔의 공동체 문화를 배우고 건강한 민주시민으로 성장하려면 마을교육공동체는 꼭 필요하다.

전남도청은 마을공동체 만들기 사업과 도교육청의 마을교육공동체 사업을 서로 조화롭게 추진하기 위한 협력 기반을 마련하고 있다. 아예 지자체의 '마을공동체만들기지원센터'와 교육청의 '마을교육공동체지원센터'를 통합 설치할 것을 권장하고 있다. 마을공동체를 기반으로 사회적경제 활성화를 통해 지방소멸 위기를 극복해보려는 노력이다.

경기도교육청은 일찍이 '마을교육공동체'를 핵심 사업으로 추진하고 있다. 한마디로 학교의 울타리를 넘어서는 교육을 지향하고 있다. 지자체, 교육청, 시민사회, 주민 등 지역의 모든 교육적 자원을 동원해 학생들의 인격과 지성의 성장을 이끌어 마을 전체를 큰 학교로 만들어보겠다는 계획이다.

강원도 춘천 고탄리 송화초등학교는 농촌유학으로 살아난 경우다. 그 중심에는 사회적협동조합 춘천별빛산골교육센터가 있다. 2005년 귀농인 윤요왕 씨가 마을회관을 빌려 공부방을 시작한 것이 농촌유학으로 이어졌고, 2009년에는 지역아동센터로도 선정되었다. 이 협동조합은 산골유학센터와 지역아동센터, 2개의 사업 단위로 이루어져 서로 시너지 효과를 낸다. 별빛의 특징은 센터와 농가, 학교를 거점으로 하여 마을 전체를 배움터로 삼는다는 점이다. 마을이 곧 학교이자 교실인 마을교육공동체의 표본이라 할 만하다.

마을 재생과 활성화의 관점에서 보아도, 농어촌 학교는 학생교육을 넘어서 지역주민을 위한, 또는 지역주민이 주체가 된 교육과 학습의 장으로 발전할 필요가 있다. 마을·지역공동체 재생과 활성화를 위해 학교는 지역의 협동이 강조되는 이른바 '지역사회학교'로 자리매김할 필요가 있다. 가령 교양·취미교육, 정보화교육, 문해교육, 생활체육 등 주민들의 수요를 반영한 프로그램을 운영하고, 다목적 강당, 정보실, 도서관 등 학교 시설을 기반으로 한 '지역사회교육센터'를 만들어 학생과 주민들의 교육 및 교류 공간으로 개방하고 활용하는 것이 바람직할 것이다.

이때 농어촌 교육 문제에 대한 주민들의 주체적 참여가 선결 과제다. "우리 아이들의 교육은 우리 마을에서 책임지겠다"는 주체 의식과 학교와 지역 간의 긴밀한 협동과 연대가 절실하다. 지역의 가용 인적 물적 자원을 최대한 활용하여, 학교와 마을, 학생과 선생, 그리고 마을주민들이 서로 배우고 가르치며 돌보고 보살피는 '마을교육공동체'가 곧 '사람 사는 마을'이다.

학교협동조합에서 배우다

마을교육공동체의 중심에는 학교협동조합이 자리 잡고 있다. 경기도교육청은 2013년부터 매점과 통학버스를 운영하고, 교복 등을 공동구매하는 학교협동조합 설립과 운영을 지원하고 있다. 사회적협동조합 방과후학교 지원센터 설립 등도 추진하고 있다.

서울시도 2013년 12월 학교협동조합 추진단을 발족하여 활성화 정책을 추진하고 있다. 우선 서울시교육청과 사회적경제 사이의 협력 기반을 구축해 교육 현장에서 교사, 학부모, 학생이 민주적으로 의사소통할 수 있는 통로를 만든다는 목적이다. 서울시는 아예 2016년부터 중학생들에게 수업시간에 협동조합과 마을기업 등 '사회적경제'를 가르치고 있다. 시와 시교육청, 시의회가 함께 교육감이 인정한 교과서를 제작하기도 했다. 사회적경제 교육을 통해 마을공동체사업의 필수 선행조건인 '민주시민 의식'

을 청소년기부터 갖추도록 하려는 목적이다.

학교협동조합은 마을과 학교가 서로 만나는 접점이라는 의미와 역할을 지닌다. 특히, 학생들이 직접 조합운영에 참여하면서 학부모, 교사들과 동등한 의사결정권을 가진다. 직접 지역 연계 사업을 벌이거나 하면서 학교협동조합은 학생들이 지역경제와 사회를 체험할 수 있는 배움의 장이 될 수 있다. 경기도 성남시의 복정고등학교는 2013년에 전국 최초로 학생과 학부모, 교직원 등 교육주체가 함께 학교협동조합을 만들어 교내 친환경 매점 '복스쿱스^{Bok's Coops}'를 운영하고 있다. 판매 품목부터 수량, 영업이익, 판매 방안 등의 고민과 결정을 주로 학생들이 맡고 있으며, 매점 수익금은 모두 학생 복지를 위해 쓰인다.

이처럼, 학교협동조합의 진정한 의미와 가치는 교사, 학생, 학부모, 지역주민이 협동해서 교육 문제를 해결하면서 학교와 지역사회를 연결하는 교육경제공동체가 된다는 점에 있다. 협동조합은 근본적으로 상부상조의 정신을 바탕으로 조합원의 권익, 지역사회 공헌을 주요 목적이자 가치로 삼는 사업조직이므로 학교와 같은 공익집단에 잘 맞는다.

학교협동조합은 학교에서 교육 자치를 실현하고, 교육주체 간의 민주적 의사결정을 도모하며, 수익의 내부 순환구조를 활성화하는 경제적, 교육적, 사회적 의미를 지닌다. 특히 학생들이 다른 사람을 배려하는 법, 다른 사람들과 효과적으로 소통하는 법, 민주시민으로서의 자질을 배우며 협동심과 자립성을 키울 수 있다. 학교마다 학교협동조합을 꾸려야 하는 이유다.

농촌에 더욱 필요한 '먹고사는 생활기술'

농촌마을에선 교육공동체를 살리려고 해도 가르치고 배울 사람이 없다. 모두 먹고살기 위해 도시로 몰려갔기 때문이다. 사람이 너무 많아 생기는 도시의 문제, 사람이 너무 없어 생기는 농촌의 문제를 동시에 해결할 주요한 열쇠이자 고리는 '귀농'이다. 뜻있는 이들이 자발적으로 귀농·귀촌해야 도시도 살고, 농촌도 살 수 있다.

다만 귀농인들이 농촌마을과 지역사회 공동체를 재생하고 활성화시킬 만한 사회적 자본으로서 마음가짐과 역량을 갖추고 있는지는 미지수다. '사회적 자본'은 고사하고 독립적 가계를 제대로 꾸릴 수 있는 '먹고사는 기술'을 갖추고 있는지도 불안하다. 대다수는 그렇지 않을 것이다. '지역에서 먹고사는 기술'과 '지역에 필요한 사회적 자본으로서의 역량'을 갖춘 귀농인들이 드물다. 대다수는 학교에서 '시험 잘 보는 기술'과 '친구를 이기는 기술'만 기르고, 각종 학원에서는 취직 잘하는 기술만 열심히 익혔다. 생활현장과 지역사회 공동체에서는 쓸모가 거의 없는 죽은 지식과 정보를 암기하는 데 매진했다. 농촌과 지역의 원주민들도

마찬가지다. 그래서 무엇보다 지역의 사회적경제는 물론 마을·
지역사회 공동체의 사업목적까지 책임질 만한 지역사회 전문가
가 너무 부족하거나 빈약하다.

지역의 공동체와 사회적경제 일을 맡을 최적임자는 사회적경
제Community Biz의 '사회community'와, 마을(지역사회) 공동체의 '사회
commune'를 두루 잘 공부하고 훈련한 '마을과 지역사회 공동체 현
장의 청장년 지역사회 전문가'라야 할 것이다. 그런 전문가를 길
러내는 교육기관을 지역마다 세울 필요가 있다.

그렇게 '지역에서 나도 먹고살고, 남과 이웃도 먹여살릴 수 있
는 직업적 생활기술'을 가르치려면 체계적이고 실용적인 학교와
교육 프로그램부터 개발해야 한다. 농사 짓는 법, 집 짓는 법, 음
식 조리하는 법, 옷 만드는 법, 가구 짜는 법, 에너지를 자립하는
법, 술 빚는 법, 장사하는 법, 아이들을 돌보고 가르치는 법, 노인
과 장애인을 보살피는 법, 마을공동체와 사회적경제를 연구하는
법 등 '먹고사는 데 절실하게 필요한 생활기술'에 집중할 필요가
있다. 지역사회에서 필요로 하는 다양한 '지역사회 전문가'를 체
계적이고 심층적으로 교육하고 육성할 수 있는 '학교 밖 학교' 프
로그램이 생겨나야 한다.

이때 각 광역 및 기초 지자체는 부지와 건축물 같은 하드웨어
와 예산을, 지역의 대학은 교육 프로그램과 지식정보 콘텐츠, 교
육 멘토 같은 소프트웨어와 청년인력, 교수요원 등 인적자원을

지원하는 호혜적 공조 또는 협업 방식이 바람직할 것이다. 그런 직업전문학교에서 1~2년 동안 서로 가르치고 배운 학생들은 말 그대로 '지역사회 전문가'와 '생활기술자'로 거듭날 것이다. 졸업하고 지역에 터를 잡으면 마을 및 지역사회 공동체, 그리고 협동조합, 사회적기업 등 마을기업(마을단위 사회적경제 조직)을 관리하고 경영하는 유능하고 책임감 있는 일꾼이 될 수 있다. 동시에 학교에서 익힌 생활의 기술을 직업 삼아 안정적인 가계도 꾸릴 수 있을 것이다.

그러니, 마을살이를 시작하자. 마을학교에서 학교협동조합도 만들고, 사회적경제 교과서도 서로 가르치고, '먹고사는 생활기술'도 몸으로 익히며, 어릴 때부터 건강한 민주시민이자 생활인으로서 살아가는 데 요긴한 지식과 기술과 품성을 더불어 가르치고 배우자. 마을에서 함께, 사람답게 먹고살 수 있는 길이 보일 것이다.

(vol. 128, 2020. 3-4)

마을 같은 학교, 학교 같은 마을

마을

사례 1 _ 생활문화공동체 시범사업

용돈이 떨어지는 날이면 이년 저년은 기본이고

던지는 물건들은 그래도 사람은 다치지 않게 요령껏 던지는
욕쟁이

그 아비에 그 아들이라 아들도 딴살림 차린 바람둥이

신랑 구경은 하늘의 별따기

어쩌다 본 하늘이 아들들이 되었다

욕도 바람도 세월을 이기지 못하고

서민정 _ 한국문화예술교육진흥원 홍보국제협력팀장

큰 바람둥이도, 작은 바람둥이 남편도 가버렸다

송영자 할머니의 '미운 정도 정인가 보다'라는 싯구절이다. 경
남 통영시 사량도의 능마마을, 그곳엔 거침없는 시인들이 있다.
약을 밥처럼 먹게 된 늙고 고단한 몸에 대한 한숨, 부유한 집에서
태어났으나 일본군 위안부로 끌려가지 않기 위해 섬에 오게 된
사연이 시가 되어 마을을 흐른다. 녹슬고 방치됐던 능양마을 바
닷가 앞 냉동창고에, 마을회관에 주민의 얼굴과 시가 붙어 있다.
문화예술교육 정책사업으로 실행되었던 '생활문화공동체 시
범사업' 지역 중 하나로 통영 사량도가 지정된 이래 능마마을 주
민 60여 분은 고된 바닷일을 하면서도 시를 짓고 시화를 그리고
시극을 연습하며 두 계절을 보냈다.

사례 2 _ 논아트 밭아트(Non Art But Art)
경기도 남양주 부평읍 진접1리에는 '인생 활짝 피는' 광릉내
마을학교가 있다. 스스로를 격렬한 예술가라고 칭하는 박찬국 미
술가와 그의 동지들이 주축이 된 이 프로젝트는 마을의 논과 밭
을 제공받아 가꾸면서 주민이 함께 참여하는 프로그램을 만들어
가고 있다. 물론 그 과정이 쉽진 않았다. 예술가가 마을에 뭘 해줄
수 있냐를 끊임없이 묻는 주민들과 씨름하면서 마을축제도 열고
마을회관 앞에 '예술종합상가 카페 씨'라는 공간도 열었다.

갤러리를 나온 예술, 학교를 나온 배움, 아파트 단지를 벗어난 교류를 만들고자 했던 것이 이 프로젝트를 기획한 배경이다. 아파트 단지 내 휘트니스 센터, 동네 문화센터, 학교, 도서관, 이 모든 것들이 단절되어 각각 그 안에서만 좁은 소통이 이루어지는 것을 풀어보려는 시도였고 그 접점에 마을 논밭 가꾸기가 있었다. 세상에 이롭고 좋은 것을 만들어내는 일인 농사를 통해 함께 모여 노동하며 삶과 예술에 대한 자연스러운 학습이 이루어지는 것이다.

사례 1과 2는 최근 몇 년 화두가 되고 있는 '생활문화공동체 만들기'의 여러 형태로, 마을주민이 함께하는 자발적 예술 혹은 공동체 예술로 볼 수 있다. 그리고 이는 정형화되지 않은 교육방식과 규정되지 않은 학습공간에서 이루어지는 새로운 사회문화예술교육의 형태로 발전하고 있다.

학교

마을과 지역사회를 바꾸는 움직임은 끊임없이 이루어지고 있는데 그렇다면 학교는 어떠할까? 학교도 달라지고 있다. 아직 미미해 보일 순 있으나 분명 다른 흐름과 사례들이 나타나고 있다. 특히 문화예술교육과 관련해서는 지역 내 미술관, 박물관과 연계한 교육 등을 통해 교실 안에서의 학습에만 머무르지 않고 있다.

300명 이하 소규모 학교 중 일부에서는 전체 교육과정의 1/3 이상을 문화예술교육으로 재구성해 아이들을 가르치기도 한다. 역사를 배우며 아이들이 직접 예술가와 함께 연극공연을 만들어 올리는 등의 통합수업 방식이다. 그곳의 아이들은 학교에서 보내는 대부분의 시간 동안 문화예술을 접하게 된다.

대전의 한 학교에서는 문학수업의 일환으로 교사와 학생들이 6개월 동안 동네 할머니, 할아버지의 이야기를 듣고 기록하여 다섯 권의 자서전을 완성한 사례도 있다. 그 과정에서 학생들은 교과서를 통해서만 알고 있던 8.15 해방, 6.25 전쟁, 칠팔십년대 경제성장기의 역사를 생생하게 학습할 수 있었다고 한다.

일상의 대부분을 보내는 학교 안에서 접하는 문화예술교육, 학교 밖 문화공간에서 이루어지는 문화예술교육, 지역주민과의 소통 속에서 이루어지는 문화예술교육. 이렇게 학교 안팎에서 문화예술교육을 접하는 시간이 천천히 늘어나고 있고, 이전과 다른 새로운 방식의 교육 사례가 조금씩 만들어지고 있는 것이다.

조금 다른 마을이 나타나고 있고 학교가 서서히 변하고 있다. 각각이 모두 의미 있는 흐름이다. 그렇지만 문제는 '각각'이라는 데에 있다. 그 각각에는 공간의 문제가 크다. 특히나 마을 안에서 학교라는 공간은 정해진 테두리로 공고히 남아 있다. 마찬가지로 평생학습관, 지역주민센터와 같은 지역 공동시설도 각자의 진지를 구축하듯 들어서 있다.

만약 지역사회 모든 구성원이 학교를 매개로 자유로이 그룹을 만들고 서로 만나 교류할 수 있다면? 단지 비어 있는 시간에만 활용하는 게 아니라 더 적극적인 의미로 새로운 교육과 지역사회 프로그램이 가능하도록 학교시설과 지역사회 시설들을 재구성해보면 어떨까?

상상, 스쿨파크

마을과 학교에 관한 주목할 만한 전시를 하나 소개하고자 한다.[1] 2004년 9월, 베니스 비엔날레 건축전에 유석연 건축가의 '스쿨파크'가 전시되었다.

스쿨파크는 학교 시설을 중심으로 한 새로운 개념의 주거단지를 말한다. 학교 수업뿐 아니라 커뮤니티나 공동체 활동이 가능하도록 학교와 지역사회 주거단지를 밀접하게 연결시킨 상상의 프로젝트다. 학교는 일정 규모 이상의 주거단지에 반드시 법으로 두어야 하는 시설이지만 지역사회에 밀착되도록 교육과정이나 시설이 활용되고 있지 않다. 학생들의 생활영역은 거주영역인 지역사회와 크게 다르지 않으며, 학교 시설뿐 아니라 지역사회의

---

1 스쿨파크에 대한 상당 부분은 몇몇 언론매체와 한국문화예술교육진흥원 웹진 땡땡(2004)을 통해 밝힌 유석연 건축가의 설명글에서 도움을 받았다.

환경 역시 교육의 질을 좌우하는 중요한 요소인 것은 당연하다. 그래서 건축가는 수업시간이 아니면 거의 비어 있는 학교시설에 주목했다고 한다. 시골이 아니라면 우리가 사는 동네에서 유일하게 넓은 땅이 학교 운동장으로 비어 있으며, 학교 건물은 대형 쇼핑센터나 스포츠센터를 제외하면 가장 규모가 큰 시설이기 때문이다.

건축가가 상정한 스쿨파크 설계 원칙은 세 가지다. 첫째 학교시설과 교육 프로그램이 주말과 평일 저녁시간까지 확장 사용되는 것을 가정하며, 둘째로 학부모를 포함한 지역주민 누구나 특기를 살려 교육 현장에 참여하고, 수업시간을 제외한 시간에 모든 학교 시설을 자유롭게 활용할 수 있게 한다. 그리고 마지막으로 교육 내용에 걸맞는 환경, 아니 더 많은 영감을 아이들에게 줄 수 있는 공간 환경을 부여한다는 것이다. 연극이나 춤을 연습하고 공연할 수 있는 공연장교실, 그랜드피아노와 객석이 있는 음악교실, 학생과 주민이 나이에 상관없이 공통의 취미나 관심 분야를 갖고 모이는 커뮤니티교실, 자기가 속한 마을을 가꾸고 가진 것을 나누는 방법을 배우는 교실 등등.

주거단지는 약 1,000세대 정도의 규모로 지방 근교에 가능한 모델을 우선 가정한다. 거주자의 연령과 요구에 따른 최적의 환경을 위하여 세 가지의 주거타입을 정했다. 20대와 30대 초반까지의 독신과 신혼의 세대는 S-Housing, 40대까지의 가정을 위해서는 어린 자녀들의 자라나는 환경을 위한 G-Housing, 60대까지의 활발한 사회, 문화 활동을 위한 A-Housing, 다시 인생의 말년을 보내는 세대를 위한 S-Housing으로 구분했다. 그리고 학교와 주민문화편익시설은 이 세 가지 주거타입으로 조성되는 단지 특성에 맞도록 분산배치된다. 바로 여기서 마을 같은 학교, 학교 같은 마을에 대한 상상이 펼쳐지는 것이다.

안전하고 풍부한 녹지 환경이 있는 G-Housing 인근에는 저학년 종합교실형 교실군을 두고, S와 A-Housing 인근에는 교과교실형으로 운영되는 중학년, 고학년 교실들을 둔다. 각 주거단지의 특성에 따라 분산 배치된 교실들은 어린이놀이터, 관리시설, 노인정, 보육시설, 지역도서관, 체육시설 같은 지역생활문화시설의 프로그램과 만나 서로 섞이는 새로운 네트워크 학교시설로 재창조된다. 학생들은 그들이 사는 지역사회 곳곳에 있는 학교공간을 순회하며 수업하고, 평일 늦은 오후나 주말같이 수업이 없는 시간에는 학생을 포함한 주민들이 남녀노소 다양한 커뮤니티를 만들어 모임이나 이벤트를 같은 공간에서 할 수 있다.

건축가는 스쿨파크의 가장 큰 장점으로 '융통성'을 꼽았다. 지역사회와 함께 가는 교육, 부모가 학교프로그램에 참여하는 교육, 학교가 초등학생뿐 아니라 지역사회 주민사회교육에도 기여할 수 있는 융통성을 새로운 학교중심 주거단지인 스쿨파크를 통해 찾고자 했다고 한다.

마을과 학교

참으로 비현실적인 상상이다. 지금 현재의 주거공간과 녹지공간, 학교와 주민편의시설이 들어선 모양새를 생각하자면 그렇다는 것이다. 그러나 배움이나 타인과의 관계 형성에 있어 공간이 주는 영향은 적지 않다. 그래서 마을을 바꾸고 학교를 바꾸는 실천과 함께 공간 구성부터 새로 짜는 시도 또한 함께 있어야 한다. 일상의 삶 속에서 문화예술 감성을 기르기 위해서는 더더욱 공간 문제에 주목해야 한다. 매일을 살아가는 공간이 내재적으로 축적되는 문화적 감수성에 미치는 영향이 매우 크기 때문이다.

그런데, 다시 생각해보자. 이렇게 마을 안 곳곳에 배움의 공간을 펼쳐놓고 이곳저곳을 돌아다니며 배우고 예술을 즐기는 것이 정말 비현실적일까? 비현실적이란 것은 우리가 한 번도 경험하지 못했기 때문에 드는 생각일 텐데, 사실 우리에게는 이미 그런 경험을 했던 역사적 사례가 있다.

얼마 전 문화예술 명예교사로 참여한 김원 건축가에게서 '서촌'에 관한 옛이야기를 들었다. 서울 경복궁을 중심으로 나뉜 북촌과 서촌. 삼청동을 중심으로 잘 알려진 북촌이 조선시대 양반가 동네였다면, 서촌은 화원·서당 선생·역관 등이 사는 중인 동네였다. 오늘날로 치자면 화가, 교사, 통역사와 같은 직업군이 모여 살았던 것이다. 이들 중 상당수는 궁에 드나들며 일했는데,

이런 경험을 삶 속에 녹여내어 서촌 안에서 여러 모임을 꾸려 활발히 예술 활동을 했다고 한다. 그 시대 백성의 삶과 계급사회에 대한 애환을 시와 그림으로 풀어내면서 시문집도 내고 백일장도 열었단다. 백일장이 열리면 수백 명의 중인들로 성황을 이루었고 평민과 노비, 여성도 참여할 수 있게 했다고 전해진다. 서촌의 아이들은 아마도 자신의 부모, 이웃집 어른, 서당 선생이 마을 정자에서, 서당에서, 마을 입구 큰 나무 아래서 삼삼오오 모여 시를 읊고, 십시일반 하여 백일장을 여는 모습을 보고 자랐을 것이다. 그리고 그 아이들도 마을 이곳저곳에서 글을 배우고 시를 짓고 그림을 그렸을 것이다.

동네에서 예술을 즐기고, 그 속에서 아이가 자라고, 그 아이가 커서 어떤 직업을 갖든 예술과 동떨어지지 않은 삶을 사는 것. 이것이 바로 문화예술의 중요함을 역설하는 모든 이들이 이루고자 하는 바인데 이미 우리는 그런 삶을 살았던 역사적 경험을 가지고 있는 것이다.

문화예술을 통한 마을 만들기는 문화예술교육 정책사업에서도 큰 화두이다. 그 기저에는 일상적 삶 속에서 문화감성을 자연스럽게 기를 수 있는 환경을 만들고자 하는 지향이 깔려 있다. 그래서 '학교-지역사회 연계사업' '생활문화공동체 시범사업' '지역문화예술교육사업' 등 여러 프로젝트들이 시도되어왔다. 그러나 아직까지 정책사업 내에서는 문화예술교육과 공간 간의 문제에까지 개입하진 못하고 있다. 일상에서 문화예술의 감성을 기르고 문화예술교육을 접하게 하기 위해서 공간을 어떻게 바꿔나가야 할 것인가에 대한 논의를 이제는 시작해야 하지 않을까.

사실 장기적 관점에서 보자면 각급 학교에 몇 명의 예술강사를 파견하여 몇 시간 교육을 하느냐보다, 전국 수십 개 지역의 주민들을 대상으로 문화예술교육 프로그램을 지원하는 것보다, 공간의 문제가 더 중요한 것일 수 있다. 문화예술교육이 단지 개별 학습자의 문화감수성을 키우는 것에만 초점을 맞추는 것이 아니라면, 교육 프로그램이 진행되는 잠깐의 시공간 안에서만 예술적 감성이 충만해지는 것을 바라는 게 아니라면, 문화예술교육의 길 찾기를 논하는데 있어 공간을 재구성하는 문제로 우리의 시선을 돌려야 할 때가 되었다.

(vol. 77, 2011. 9-10)

마을과 사람 속에 있는 놀이터,
놀이창고

'숟가락'이라는 비빌 언덕

2013년 아이를 낳았다. 우리 마을에는 우리 아이 혼자밖에 없다. 완주는 2010년 이후 로컬푸드와 지역공동체를 복원하기 위한 사업으로 인구가 늘고 있으나, 전주 인근의 도시권역을 제외하고는 인구가 정체돼 있거나 줄고 있다. 우리 마을도 그중 하나다. 80가구가 넘는 마을에 평균연령대가 70대이고 청년회장이 60대니 말이다. 그 전에는 진지하게 생각해보지 않았던 마을의

이영미 _ 귀촌한 지 10년차인 완주댁. 초록이란 별명을 쓴다. 완주커뮤니티비즈니스센터라는 중간지원조직에서 공동체를 지원하는 일을 하다가 육아공동체 숟가락을 거쳐 초등놀이창고를 꾸리며 공동체, 마을, 교육에 대해 배워가고 있다.

미래와 아이의 미래가 겹쳐졌고 아이를 키울 수 있는 시골 환경에 대해 막막한 느낌이 들었다.

2014년 8월 완주커뮤니티비즈니스센터에서 일하던 나는 '공동육아 특강'을 기획했다. 우리 아이와 비슷한 또래의 부모들이 모였다. 처음에는 함께 소풍도 가고, 도서관에도 가고 집집마다 돌아다녔다. 이렇게 아이의 친구를 만들기 위해 모였는데 어쩌다 보니 부모들도 좋은 친구를 얻었다. 우리는 같은 꿈을 품게 되었고, 2014년 연말 워크숍에서 미래 모습을 상상했다. 서로에게 '숟가락만 하나 얹어놓은 것 같아 미안하고 고맙다'는 말을 전하던 우리 모임의 이름은 자연스럽게 '숟가락'이 되었다. 서로에게 숟가락 하나 얹을 수 있는 비빌언덕이 되어주기로 했다.

2015년 5월에는 완주군의 한 폐교의 일부 공간을 임대했다. 너른 운동장이 있어 아이들에게는 더없이 좋았다. 우리는 아이들의 발달 수준에 맞춘 다양한 프로그램과 전문가를 찾아다녔다. 우리는 늘 소비자였다. 책 놀이, 미술놀이, 전래놀이 등 정보는 쏟아졌고, 다양한 전문가들의 좋은 프로그램을 골라 선택했다. 그러나 아이들은 자기의 관심사에 집중할 뿐 정해진 프로그램에는 관심이 없었다.

돌이켜보니 너무나 당연한 결과였다. 부모의 불안을 잠재우기 위한 활동으로 가득했던 거다. 전문가, 더 나은 프로그램이 우리를 구원해주리라는 기대는 환상이었다. 아이들은 우리의 일상을 보고 배운다. 어른들의 행복한 일상을 보며 그대로 흉내 내며 자란다. 아이의 성장은 부모와, 지속적으로 만나는 다른 어른들의 성장 위에 덤으로 얻어지는 것이었다. 우리는 그 후 어른들의 성장과 아이들의 놀이공간에 관심을 갖기 시작했다.

새로운 놀이터를 만들자!

우리는 정형화된 놀이터가 아닌 다른 놀이터를 만들 고민을 시작했다. 우리끼리 워크숍도 하고 멋진 해외 사례들을 보며 감탄했다. 운동장에 이것저것 그려 넣으며 상상의 나래를 폈다. 2017년 우리는 일본의 '모험놀이터'로 벤치마킹 여행을 떠났다. 도쿄 하네기파크에 있는 모험놀이터의 첫 인상은 위험하고 지저분하고 어수선한 공터 같았다. 놀이기구라 불릴 만한 것은 아무것도 없었다. 대신 물, 불, 흙이 있었다. 그 외에는 일상에서 사용하는 톱, 망치, 삽, 냄비, 재활용 목재 등이 전부였다.

무엇보다 인상 깊은 것은 유아부터 청년까지 다양한 사람들이 함께 어울리고 있다는 점이었다. 높은 곳에 오르는 것은 물론 불을 피우는 것까지 자기가 원하는 일에 도전해볼 수 있다. 어른들이 보이지 않을 뿐더러 보인다 해도 누구 하나 제지하는 이가 없다. 모험놀이터에는 상근하는 '플레이 워커'가 있는데, 아이들의 공구함을 정리하고 열고 닫는 역할, 아이들의 안전을 위해 점검

하는 역할, 처음 온 아이들이 어울려 놀거나 아이들이 몰려 위험할 때 아이들을 분산시키는 등 보이지 않는 곳에서 역할을 할 뿐이다.

한 건물의 지붕에는 중학생쯤 돼 보이는 아이들이 올라가 있었다. 계단은 없고, 기둥 중간에 발판만 하나 있었다. 어른인 나도 올라가느라 끙끙댔는데 거기까지 어떻게 올라갔을까? 동생들은 그런 누나, 형들을 올려다 보았다. '나도 저기 올라가고 싶다!'는 눈빛으로. 진짜 칼을 갈고 있는 중학생 주변에 아이들이 모여 있다. 불꽃이 번쩍번쩍 튀는 모습을 보는 아이들의 눈빛에서는 '나도 한번 해보고 싶다!'는 마음이 읽힌다. 무엇인가 하고 싶다는 마음이 저절로 생겨나는 것 같다.

요즘의 아이들은 '하고 싶다'는 마음이 생겨나기 이전에 이미 무언가를 배워야 하는 처지에 있다. 언젠가 중학생을 둔 엄마가 말했다. 가장 큰 고민이 아이가 아무것도 하고 싶어 하지 않는 거라고. 무기력이 일상이 된 아이들 사이에서 어른들은 뭔가 보상을 내걸어 꼬시거나 권위로 강제한다. 하고 싶다는 마음을 경험해보지 못한 아이들은 해야 할 것만 가득한 세상 속에서 자기 의지를 잃어가고 있다.

우리의 놀이터도 "이렇게 놀아야 해"를 강요하는 것은 아닐까 의문이 들었다. 우리는 알았다. 위험마저도 허용되는 자유로운 공간, 다양한 사람들 속에서 배울 수 있는 자연스러운 공간이 필요하다는 걸. '놀이터'라는 틀에서 벗어나지 못했던 우리는 어른들의 눈높이에서 한 발자국도 벗어나지 못하고 있었다.

우리가 두 번째로 찾아간 놀이터는 도쿄 세타가야에 있는 모험놀이터였다. 그날은 해마다 열리는 '가을하늘 축제靑空まつり' 날이었다. 남녀노소 모든 주민이 참여하는 마을잔치 같았다. 직접 만든 꽃 장식에 손으로 쓴 시간표, 아이들 옷을 이용한 무대 장식 등 소박했다. 초등학생으로 보이는 친구들은 팥빙수를 팔고 있고, 중고등학생 친구들은 전병을 팔고 있었다. 그 옆에는 어른과 아이들이 준비한 벼룩시장과 먹거리 장터가 있었다. 처음에 방문했던 하네기파크 모험놀이터에서도 그랬지만 동네 어른과 아이들이 자연스레 함께 섞여 있었다.

돌아보니 우리 어릴 적도 그랬다. 골목에 나가면 동네 언니, 오빠, 동생들이 있었다. 철공소 아저씨가 세워둔 트럭에 올라갔다 뛰어내린다. 바로 옆 시장에서 술래잡기를 하고, 호떡집 아주머니가 팔고 남은 호떡도 얻어 먹었다. 도시였지만 나는 언제나 어디서나 사람들 속에 있었다. 그러나 더 이상 어디서나 놀 수 없는 환경으로 바뀌면서, 어린이들을 위한 놀이터가 만들어졌고, 아이들은 놀이기구에 맞춰 정해진 공간에서 놀게 되었다. 더 정형화된 실내 놀이터와 키즈카페도 들어섰다.

지금 놀이터는 마치 이벤트장 같다. 많은 사람들 속에 있지만 나와 관계가 없다. 편리와 안전이 적절히 타협한 키즈카페 같은 곳에서의 일회성 체험보다 삶을 배우고 우정을 쌓을 수 있는 공간이 더 필요하다. 우리는 일본에서 돌아와 '아이들의 놀이를 지지하는 어른들의 모임'을 제안했다. 아이보다 어른이, 개인보다 마을이 변화하는 것이 우선이라는 생각에 다급해졌다.

놀이를 지지하는 어른들 모여라

'놀이를 지지하는 어른들의 모임'이라는 이름으로 2018년 7월 아홉 명이 모였다. 유아, 초등, 중등 학부모, 방과후 강사 및 고산 풀뿌리교육지원센터[1] 담당자 등이 모였다. 아이들이 놀지 못하는 이유, 방과후 프로그램에 대한 이야기, 우리가 해보고 싶은 것들을 쏟아냈다. 한 참여자는 "이 자리가 학교, 돌봄센터 등 기관들로부터 자유로운 실험을 할 수 있는 혁명적인 모임이 되면 좋겠다"며 기대를 털어놓기도 했다. 두 번째 모임부터는 구체적인 이야기를 나누기 시작했다. 다양한 연령대가 어울릴 수 있는 장, 일방적인 프로그램이 아니라 동아리 모임 방식의 방과후 프로그램, 아이들의 이동권을 위한 자전거 활성화, 초등 놀이 돌봄 간담회가 필요하다는 등 구체적인 사업들을 구상했다.

---

[1] 학교와 지자체, 마을이 협력해 만들어가는 새로운 교육모델로, 고산 지역 방과후학교, 돌봄교실, 진로체험, 학부모 및 마을강사 교육을 연결하는 센터.

이 모임을 통해 다른 연령대의 아이들이 만나는 행사를 기획하게 되었다. 방과후 목공 프로그램에 참여하는 중학생들과 유아들이 함께하는 프로젝트가 첫 번째다. 중학생들은 주변에서 나무를 구해 와 불을 피우고 고기 굽는 일부터 시작했다. 아이들은 핸드폰도 내버려둔 채 신나게 놀았고, 자연스레 숟가락 유아들의 놀이터와 놀잇감에 관심을 보였다. 동생들을 위한 아지트를 만들어보자고 의견을 모아 사례를 찾아보고 도면도 그리고, 재활용 팔레트로 뚝딱뚝딱 만들기 시작했다. 아이들은 누나와 형들이 작업하는 것을 보고, 같이 페인트칠을 하기도 했다. 동생이 나타나니 누나, 형들은 의젓하고 친절해졌다.

두 번째는 고산향 교육공동체[2]와 함께 "유아부터 어른까지 함께 놀아요"라는 이름으로 3회에 걸쳐 여러 세대가 함께 놀 수 있는 장을 만들었다. 동네 청년들은 자원봉사자로 함께했고, 중학교 아이들은 부침개를 부치고, 초등학생들은 이곳저곳에서 처음 보는 아이들과 섞여 놀았다. 마지막 회는 '예술로 놀이, 놀이로 예술'이라는, 모든 연령대를 위한 프로그램으로 어른들이 노는 듯 배우는 본을 보이는 장을 열었다. 자전거 안전교육과 자전거 타는 모임도 이때 시작됐고 지금까지 이어져 올해는 자전거 동호

---

2 2011년 완주군 장기 발전계획 수립 시 고산 지역 내 교육분과를 시작으로 만들어졌다. 고산 지역 5개 학교의 교육주체들 중심으로 유아부터 청년까지 마을에서 함께 자라고 머무는 지역을 만들어가기 위한 마을교육공동체 네트워크.

회를 만들 예정이다. 2018년 가을 우리는 '놀이창고 설명회'라는 이름으로 본격적인 놀이돌봄을 위한 간담회를 열었다. 드디어 아이들의 눈높이에서 새로운 실험을 시작할 수 있게 되었다.

초등학교 놀이창고의 시작

2018년 여름방학, 엿새 동안 진행했던 프로그램에 참여한 몇몇 아이들의 부모들은 바로 수요조사를 했다. 고산면에 있는 두 초등학교 학부모들을 대상으로 아이들의 놀이 상황은 어떤지, 놀 공간이 진짜 필요한지를 물었다. 총 120여 가구 중 57가구가 응답했다.

우리가 놀란 것은 고산이라는 시골에서도 하루 평균 야외활동 시간이 1~2시간 미만인 아이들이 81퍼센트나 된다는 사실이었다. 놀이공간이 생기면 이용하고 싶다고 응답한 가구가 49가구(89퍼센트)였다. 놀이창고를 시작하지 않을 수 없었다. 계획은 일사천리로 진행됐다. 9월 개학과 동시에 시범운영을 했다. 그리고 두 학교 교감선생님과의 간담회와 마을 간담회를 거쳐 10월 1일, 25명의 아이들과 함께 문을 열었다. 하루에 2명 정도의 학부모들이 '놀이지기'를 담당했다. 아이들의 놀이 환경을 준비, 관리하고 간식을 지원하는 역할을 하는 놀이지기는 현재 학부모, 지역주민 등 10명의 자원봉사자들이 함께하고 있다. 스쿨버스가 없는 고산초등학교 아이들을 실어 나를 '이동지기'도 참여했다.

아이들에게 이곳은 천국이었다. 아이들 사이에서는 금방 소문이 났고, 학원과 지역아동센터를 땡땡이치고 놀러오는 아이들도 생겼다. 한 아이는 이곳에 오는 이유를 "친구들이랑 마음대로 자유롭게 노는 게 좋아서"라고 한다. 정해진 프로그램이 없다는 것이 매력이었다.

일본의 모험놀이터를 다녀온 뒤 숟가락 식구들은 2017년 11월 '아동인권주간' 행사에서 '아무거나 내 맘대로 프로젝트'를 진행했다. 각종 공구와 재활용 재료, 목수 3명 외에 정해진 프로그램은 없었다. 아이들은 주변에 무수한 체험부스를 지나쳐 이곳으로 왔다. 한 아이가 물었다. "정말 아무거나 만들어도 돼요?" 아이들은 정해진 프로그램에 따라 정해진 미션을 수행하는 체험에 익숙해 아무거나 맘대로 한다는 것을 오히려 낯설어 했다.

각종 어린이 관련 행사의 대부분은 체험부스다. '목공소'라는 이름의 부스에 들어가 보면 이미 다 재단해 둔 나무 조각을 이어 붙여 정해진 무언가를 만들라 한다. 제한된 시간과 공간에서 정해진 대로 해야 한다. 조금 서툴다 싶으면 지도하는 선생님이나 부모가 나선다. '얼른 더 잘 만들 수 있도록' 어른들의 배려는 끝이 없다. 어른들이 더 바쁘다. 이틀 내내 놀러온 한 중학생은 첫날 종일 대패질만 하다 갔다. 그러면 어른들은 어김없이 물어보았다. "너 뭐 만드는 거야?" 아이들은 당황한다. 결과물과 목적이 있는 과정만을 중요하게 생각하는 어른들과 몰입하는 과정 자체가 중요한 아이들 사이는 하늘과 땅만큼 멀었다.

놀이창고를 시작하면서 우리는 바쁘지 않은 불친절한 어른이 되기로 했다. "니 맘대로 해봐!"라고 외치고 다녔다. 우리의 목표는 놀이창고가 '자유'의 공간이 되고, 우리는 '자유의 수호자'로서 신뢰를 얻는 것이었다. 아이들은 자기주도, 자유학기 등 '자유'라는 이름으로 세련되게 접근하는 어른들에게 속아온 터라 어른들이 어떤 속내를 가지고 있는지 용케 눈치채기 때문이다.

아이들에게 더 많은 자유를!

아이들은 '자유'라는 말에 흥분했고 과격하고 위험한 행동에도 거침이 없었다. 지붕에 올라가고 나무 위에 올라갔다. 불을 피우고, 화덕을 부수기도 했다. 호스로 물을 뿌려가며 물놀이를 하다가 물싸움이 되기도 했다. 모래놀이용 냄비들을 망치로 두드려 못쓰게 만들었다. 대나무를 톱으로 잘라 칼싸움을 했다. 장난으로 싸우다가 진짜 싸움이 되어 죽이겠다며 쫓아가기도 했다. 같은 학교 친구들끼리 몰려다니며, 다른 학교 친구들을 놀리거나 몸싸움을 벌이기도 했다. 모래구덩이에 친구들을 묻기도 했다. 고학년들은 자기들이 발견한 아지트에 동생들이 들어오지 못하게 하거나, 거친 말을 쓰기도 했다. 온갖 악동 짓이 이어졌다.

초기의 이런 상황은 놀이지기들에게 멘붕이었다. 나는 어찌해야 할지 몰라 놀이지기 당번인 날 청소만 열심히 했다. 정적인 활동을 좋아하는 아이들이나 저학년 부모들은 놀이창고를 위험한 곳으로 여겼고 오지 않는 아이들도 생겼다. 이곳에 대한 호불호가 갈리기 시작했다. 놀이지기들도 헤매기는 마찬가지였다. 더 많은 자유를 주어야 한다고 공언했기에 아이들과 더 크게 부딪혔고, 우리 스스로도 갈등했다. 게다가 놀이지기 간에 서로가 허용하는 자유의 범위가 다 달랐고, 우리는 크고 작은 제한과 규제를 입에 올리기 시작했다.

어느 날 한 놀이지기가 이런 글을 올렸다.

"아이들에게 허용할 수 있는 선은 어디까지인가? 그걸 제한할 수 있는 권리가 교사인 혹은 엄마인 나에게 있는 것인가? 생산적이고 예의 바른 창의성은 지원하지만, 파괴적이고 반항적인 창의성은 부정할 것인가? 부정적인 것이 허용되지 않는다면 아이들은 한쪽 세상만 맛보는 것은 아닐까? 세상을 개벽시킬 수 있는(작게는 부모를 거스르고 자신만의 취향과 가치관을 정립시켜 자립하려는) 마음은 자라지 못하는 것이 아닐까 하는 의구심이 자꾸만 고개를 치켜들고 있습니다."

우리가 말하는 자유가 자칫 우리의 기준으로 '생산적이고 예의 바른' 수준만을 허용하는 것은 아니었을까? 어른인 우리들 스스로도 '자유'가 무엇인지 헷갈리고 답답했다. 제한을 두는 순간

'자유의 수호자' 자격을 잃을 것 같아 주저했다. 스스로도 정리되지 않았고, 다들 속 시원하게 꺼내놓지 못했다. 3개월 정도 지나니 아이들도 좀 잠잠해졌다. 아이들 스스로 억눌린 것을 푸는 시간이 필요했던 것 같기도 하다. 그렇게 폭풍 같은 시간이 지난 후 아이들은 서서히 질서를 찾아가는 듯했다. 놀이지기들도 갈등하는 부분들, 아이들에 대한 이야기를 공유하며 서서히 아이들을 이해해가고 놀이창고의 의미도 찾아갔다.

어느 날 아이들 간에 싸움이 났다. 그 싸움을 중재하던 중 한 아이가 "왜 때리면 안 되냐?"며 따져 물었다. 갑작스레 전체회의를 제안했고 다 같이 이야기해보기로 했다. 전체회의는 아이들과 어른이 모두 1인 1표의 권리로 참여하는 회의로, 공동의 문제를 제안해 함께 해결하는 절차다. 2019년 5월 첫 회의에서 "욕하게 하자. 때리게 하자"는 제안으로 시작해 급기야는 "놀이창고 문 닫자"는 제안까지 나왔다. 폐장이라는 갑작스런 제안에 전체회의에 관심을 가지지 않았던 아이들까지 모두 참여해 열띤 토론을 벌였고, 서른 명 중 스무 명의 반대로 놀이창고는 문을 닫지 않는 것으로 결정났다. 그 회의 이후 우리의 결정이 바로 실행될 수도 있다는 것을 따끔하게 깨닫게 되었다. 그것은 어른들도 마찬가지였다. 그 후 아이들의 제안은 조금 더 신중해졌고, 그 결과는 놀이창고의 규칙이 되었다. 그렇게 다들 점점 주인이 되어갔다.

두 번째 전체회의가 열렸을 때, 이번에 아이들은 사뭇 진지했다. 열 개도 넘는 안건을 냈다. 간식을 더 달라, 놀이기구를 더 만들어 달라, 종이를 더 사 달라 등 적는 란이 모자랄 정도였다. 그중 세 개를 골랐다. 가장 인기 있는 안건은 '핸드폰 사용'이었다. 아이들끼리 논의해 '핸드폰 없는 아이도 다 같이 하고, 목요일과 금요일에 30분씩 하는 것'으로 결정했다. 재미있게도 2주가 지나도 아이들은 핸드폰 게임을 하지 않았다. 그전에는 몰래 숨어서 했다. 몸이 아파 한동안 오지 못했던 친구에게서 그 답을 들을 수 있었다. "전체회의에서 핸드폰 게임 하기로 했다면서요. 몰래 해야 재밌는데 이제 좀 시시해서 안 할래요."

아이들이 휴대폰을 하겠다며 격렬하게 맞선 것에 비해 그 결과가 너무 시시했다. 놀이창고에서 아이들은 가끔 나를 실험하는 것이 아닐까 생각이 들 정도로 보란 듯이 온갖 짓궂은 장난을 한다. 내가 그 관문을 넘고 나면 아이들은 그제야 마음 놓고 정말 자기에게 이로운 선택들을 해가는 것 같다. '진짜 원하는 것, 진심으로 이로운 것'을 스스로 선택하고 책임져본 경험이 없었던 아이들이 스스로에게 그리고 어른들에게 '정말 원하는 것을 해도 돼요? 내 삶에 주인이 되어도 괜찮아요?'라고 말하는 것 같다.

우리가 꿈꾸는 마을

요즘 아이들의 삶은 예전에 비해 더 풍요로워졌지만 어른들이 정해놓은 테두리 안에 갇혀 있다. 학교돌봄, 지역아동센터, 다함께 돌봄센터, 학원까지 더 촘촘한 돌봄을 제도적으로 보장해주려 노력하고 있지만, 그로 인해 아이들은 자기가 하고 싶은 것도, 가고 싶은 곳도 선택할 수 없다. 부모와 학교, 기관은 안전이라는 명목으로 아이들에게 어떤 샛길도 허용하지 않는다. 어느 강의에서 한 교육부 관계자는 더 촘촘한 돌봄을 이야기했고, 거기에 맞장구치며 객석에서는 학교에서 저녁까지 먹여 보내면 좋겠다는 말도 나왔다. 지금 아이들은 많은 시간을 학교와 시설, 기관에서 보내고 있으니 틀린 말은 아니다. 아이들은 정해진 시설에서 늦게까지 안전하게 보살펴지면 되고 부모는 마음 편하게 밤 늦도록 더 열심히 돈을 벌면 될 일이다. 그러나 학교에서 저녁까지 먹고 싶어 하는 아이도, 야근으로 아이와 가족과 나눌 시간을 희생하고 싶은 부모도 없다. 더 촘촘하게 잘 짜인 안전한 돌봄은 과연 누구를 위한 걸까?

최근 고산향 교육공동체 차원에서 '고산 지역 방과후와 돌봄'에 관한 공부모임을 만들어보기로 했다. 우리는 처음부터 다시 묻고 다시 살펴 새로운 상상을 해보려 한다. 학교가 끝난 후 동네 영화관에 영화를 보러 가고, 어느 날은 도서관에 가고, 아이와 어른이 함께하는 자전거 동호회에 참여하기도 하고, 동네부엌에서 떡볶이를 앞에 놓고 수다로 시간을 보내기도 한다. 다양한 기관들이 다양한 프로그램을 열어 아이들이 즐거운 시간을 보낸다.

수준이 비슷하면 어른들도 참여한다. 방과후에는 마을버스나 공유 자전거를 타고 가고 싶은 곳으로 언제든 안전하게 이동한다. 동네 이모 삼촌들과 아이들이 마을 곳곳에서 어울리고, 부모들은 이모 삼촌들을 통해 아이를 이해할 수 있는 또 다른 시선을 얻기도 한다.

이런 신나는 상상을 하면서도 불안이 올라온다. '과연 우리 아이들이 잘할 수 있을까? 과연 안전할까?' 이런 실험의 가장 큰 장애물은 우리의 불안일지도 모른다. 지금 우리는 놀이창고를 통해 아이들에 대한 신뢰를 쌓고, 어른들이 느끼는 불안을 들여다보게 되었다. 아이들은 소소하지만 자유로운 선택과 책임 속에서 자신을 믿게 되길, 또 그런 아이들의 성장을 기다리며 응원할 수 있는 어른들의 마음이 모아지길 바란다. 아이들뿐 아니라 동네 어른들도 덩달아 재미나고 의미 있는 배움과 교류로 고산마을 곳곳이 생기 넘치길 기대해본다.

(vol. 128, 2020. 3-4)

아파트 단지에서 꽃피는 돌봄, '들락날락'

지켜보기만 하는 강사라니!

전주에 있는 작은 지하세계 '문화공간 싹'은 찾아오는 사람 누구나 주인인 열린 공간이다. 아주 어린 친구부터 어르신들까지 많은 사람들이 이곳에서 다양한 동아리 활동을 하는데, 그 중심에 채성태 선생님이 계신다. 선생님은 20여 년 동안 모두의 삼촌이자 아빠, 모두의 아들 역할을 하시며 사람들이 '싹'에 모여 놀면서 자연스레 자기 자신을 찾을 수 있게 돕고 계신다. 중3 큰아

장아름 _ 미술과 사물놀이, 청소년 동아리를 통해 다양한 아이들을 만나고 있고, 참교육을위한전국학부모회 활동과 전주 민들레 읽기 모임을 하고 있다.

이가 청소년 동아리의 구성원이 되면서 채 선생님과 인연이 깊어졌다. 나는 아이들이 자치적으로 꾸려간다는 동아리가 어떻게 운영되는지 궁금하고 그 방법을 배우고 싶기도 해서 보조강사로 봉사하게 되었다.

선생님께서 내게 철저하게 당부하신 것은 "관여하려 하지 말고, 가르치려 하지 마라. 한 발짝 뒤에서 함께하고 있다는 느낌만 주어라. 어른의 물리적인 도움이 필요할 때만 도와줘라"였다. 다시 말해, 생각을 하는 것도 계획을 세우는 것도, 실수와 실패를 경험하는 것도, 그리고 다시 돌아보는 것도 아이들 스스로 해야 한다는 것이다. 특히 아이들에게 가장 중요한 것은 실패의 경험이니, 좋은 결과를 바라며 섣불리 나서지 말라고 당부하셨다.

말이 쉽지, 지켜본다는 것은 참으로 어려운 일이었다. 어른이 나서서 한마디만 던져주면 실마리가 풀릴 텐데 아이들끼리 몇 주씩 소모적인 설전을 벌이며 제자리걸음 하는 모습을 바라보자니 답답하기 그지없었다. 강사라는 이름을 달고 있으면서 일 년이 넘도록 눈에 보이는 결과가 없는 것을 견디는 일 또한 쉽지가 않았다. 그럴 때마다 채 선생님은 그냥 섞여서 놀며 '아이들에게 배우라'는 말씀만 반복하셨다. 알쏭달쏭하던 그 말씀이 해가 두어 번 바뀌면서 이해되기 시작했다. 한 명 한 명 아이들이 했던 말들을 생각하다 보면 궁금한 것이 생기고, 토요일에 만나 나눌 이야기거리가 떠오르기 시작했다.

서로 다른 동네, 서로 다른 성별의 10대 청소년들은 한동안 서로가 낯설고 어색해 스마트폰에만 집중하더니 오랜 시간이 지나서야 상대방에게 다가가기 시작했다. 학교 밖에서 검정고시를 준비하는 형과 누나, 학교 안에서 시험 때문에 스트레스 받는 동생들, 멀리서 버스나 자전거를 타고 오는 아이들이 저마다의 형편과 사정을 알게 되면서 서로 이해하는 그릇을 넓혀갔다. 누군가 약속시간보다 늦게 와도 기다리던 아이들은 이해해주었고, 늦은 아이들은 미안해 했다. 결석했던 아이를 위해 지난주에 있었던 이야기를 자세히 설명해주고 자기가 할 수 있는 일은 스스로 나서서 하기도 했다.

우리는 함께 여행을 떠났다. 아이들끼리 직접 닭을 잡아 백숙을 해먹고, 진달래를 따서 화전을 부쳐 먹기도 하며 부쩍 가까워졌다. 동아리 활동은 점차 발전해 나갔는데 초반에는 웹툰, UCC 만들기, 전통놀이 등 자신들이 흥미로워하는 활동을 주로 하더니, 자주 오가며 만난 풍경들과 사람들을 눈여겨보게 되면서 점차 지역과 사회에 눈을 돌렸다. 어르신들만 남은 오래된 주택가 골목길을 누비며 동네 사람들을 인터뷰하고, 재개발로 사라져가는 동네를 사진으로 알리는 프로젝트를 진행하기도 하고, 한여름에는 시원한 터널 바닥을 청소한 뒤 동네 어른과 아이들의 놀이거리를 가져다 두고, 벽화를 그리고 예쁜 나무벤치를 만들기도 했다. 그 과정 속에서 아이들의 감수성과 사람에 대한 예의, 협동하는 능력은 놀랍게 성장했다. 아이들은 나에게 고마움을 자주 표현했는데 정작 나는 생각의 폭이 넓은 그 친구들 앞에서 때로 부끄럽고, 자주 놀라며 많은 것을 배워갔다.

나의 작은 선생들에게 인정받은 기획

작년 하반기, '싹'에 모여서 분과별로 지난 시간을 돌아보고 동아리 특색에 맞는 새로운 기획을 발표하는데 나도 그 틈에 껴서 벼르던 프로젝트를 용기 내어 꺼내놓았다. 성인들 앞에서보다 더 긴장되고 떨리는 가운데 발표를 하자 아이들은 열렬한 응원과 날카로운 평가를 보내주었다. 그 프로젝트는 이름하여 '들락날락 (들樂날樂)'.

한 아이를 키우려면 온 마을이 필요하다는데, 대부분 아파트에 살고 있는 요즘 아이들에게 마을이란 개념은 낯설다. 아파트마다 있는 놀이터도 어린이들이 유치원 끝나고 잠깐 들를 때를 빼고는 텅 비어 있다. 대부분의 아이들은 놀 시간이 없고, 짧게 애달픈 놀이 시간이 생겨도 친구와 맞추기가 어렵다. 밀집된 아파트에 그 많은 아이들은 다 어디 있을까. 이곳에서 어떻게 마을을 이루고, 어떻게 아이를 키울까. 들락날락의 기획은 간단하다. 가까운 거리에 사는 아이들 중 뜻이 맞는, 대략 네 가정을 섭외해 순서와 요일을 정해놓고 일주일에 한 번, 그 집에 가서 마음껏 논다. 이 기획에 참여하는 집의 엄마는 자연스레 '들락날락 이모'가 된다. 들락날락의 규칙은 크게 두 가지다. 첫째, 들락날락 이모는 한 달에 한 번 집을 내어주고 한 끼 밥을 해준다. 둘째, 들락날락 이모는 아이들이 무엇을 하든 관여하지 않는다.

기획은 수월하게 추진되었다. 아무리 놀아도 놀이가 고픈 4학년 둘째가 있어서 많은 도움이 되었다. 둘째 친구들의 부모님과 가까운 이웃들에게 기획서를 돌렸더니 고맙게도 두 가정이 흔쾌히 합류해서 모두 세 집이 뜻을 모았고, 이 소식을 들은 아이들도 기대하며 좋아했다. 우리 어릴 적 그랬듯이 놀다가 배가 고프면 그 집에서 밥 얻어먹고, 늦게까지도 걱정없이 놀았다. 그 집 아이도 우리 집에 와서 놀 테니 조금은 폐가 되어도 서로 괜찮다. 우리가 정한 금요일만큼은 놀다 말고 학원을 가야 하는 아이도 없었고, 밥시간이라 엄마가 부르니 가야 한다며 아쉬워 하는 아이도 없었다. 시간에 대한 불안감이 없으니 아이들은 한없이 자유로워 보였다. 관심 없는 척 멀찍이 떨어져 있었지만 명색이 들락날락의 기획자인지라 아이들이 어떻게 노는지 유심히 지켜보았다. 아이들은 시간이 갈수록 관계가 끈끈해지면서 자기들만의 놀이 패턴을 찾아갔다.

그렇게 아이들 스스로 만든 동아리 '피리 부는 아이들'이 일주년을 맞았다. 4, 5학년 남동생 셋과 중학교 1학년 누나 둘로 이루어져 있다가 중간에 진지하고 냉정하게(?) 치른 면접을 당당히

통과한 5학년 친구가 들어와서 네 가정 여섯 아이가 함께 어울렸다. 그중엔 걸어서 30분도 넘게 걸리는 곳에 사는 친구들도 있었다. 놀기 위해서는 한여름 무더위도, 한겨울 칼바람도 아랑곳하지 않고 떼를 지어 걸어 다니거나 자전거를 타고 다녔다. 명절을 제외하면 한 번도 거르지 않고 금요일마다 만나 놀았고 때로는 자정을 넘기도 했고, 같이 자기도 했다. 들락날락 이모가 무슨 반찬을 주든 놀 생각에 후딱 먹어치웠고, 금요일만큼은 차려주기도 간편하고 자기들이 제일 좋아하는 라면이 어떻겠냐며 이모들에게 달콤한 제안을 하기도 했다.

아이들은 네 가정을 돌면서 놀고 나면 남의 집도 십시일반 대충 정리해주고 간다. 신나게 놀도록 배려해준 이모들에게는 늘 고마워하며 친근하게 대한다. 집 안에서는 보드게임을 하거나 배를 깔고 누워 만화책을 보다가 한 명이 나가자고 하면 우르르 놀이터로 향한다. 다시 들어와 어른은 도저히 알 수 없는, 도구조차 없는 놀이도 하고 끊임없이 회의를 하기도 한다. 예를 들면 서로 빌려간 책이 회수되지 않는데 앞으로도 그럴 땐 어떻게 할 것이냐, 다음에 동아리 회원을 받을 때 무엇을 물어볼 것이냐, 어른 도움 없이 우리끼리 버스 타고 놀러 가자, 우리만의 일주년 파티를 하자! 이런 안건들이었다.

아이들이 대체 뭘 하는지 못 미더웠던 중학생 엄마도 인정하게 된 것이 이 회의시간인데, 가끔 회의인지 싸움인지 모를 만큼

격한 논쟁을 벌이다(몇 명은 운 적도 있다) 다수결로 정하기도 하고, 때론 리더를 맡은 누나의 강권에 밀리기도 하지만 동생들이 다 같이 합세해 밀어붙일 때도 있다. 그 모습을 본 한 엄마는 하브루타[1] 교육이 따로 있는 게 아니라며 아이들의 회의에 감탄하기도 했다. 학교, 집, 학원에서 긴 시간 책상에 가만히 앉아 있을 수밖에 없는 아이들이 이 회의과정에서 자신의 생각을 마구 쏟아놓으며 언어발달, 협상능력, 사람 간의 거리 조절능력 향상에 박차를 가하는 것이다.

또 눈에 띄는 것은 매주 연결된 흐름이 있어서인지 다른 친구들이랑 어울리는 단발성 놀이와는 다른 양상을 보인다는 것. 지난주에 했던 이야기를 이어서 하기도 하고, 지난주에 하던 놀이를 바로 이어서 놀기도 하니 금요일 밤마다 아이들은 원 없이 놀았다며 발그레한 웃음으로 충만감에 젖는다. 아이들은 때로 그림을 그리고 피아노를 친다. 자기들끼리 그림 주제나 연주곡을 정하고 만나지 않는 날에도 그림을 그리고 피아노를 연습해서 금요일이 되면 서로 자랑하고 서로의 실력에 감탄도 해준다.

'피리 부는 아이들' 결성 일주년인 오늘은 우리 집 차례. 일을 끝내고 집에 왔더니 기념 파티를 성대하게 하고 있다. 몇 주 동

---

[1] 짝을 이뤄 서로 질문을 주고받으며 공부한 것에 대해 논쟁하는 유대인의 전통적인 토론 교육 방법

안 회의를 통해 짠 계획대로 용돈을 모아서 산 치킨과 과자, 컵라면을 먹고 있다. 누가 무엇을 사올지, 뒷정리는 누가 할지까지 미리 정해놓아서 먹은 후 일사분란하게 정리까지 하고는 스케줄이 있는지 동네 한 바퀴 돌고 다시 들어와서 밤 11시 반이 되어가는데도 웃고 떠들고 야단들이다.

이 동아리가 구성된 초반에 한두 번의 위기가 있었는데, 이유를 들여다보니 누구는 발전적으로 이끌어보려고 노력하고, 누구는 아무 관심 없이 자기가 하고 싶은 일에 매진하고, 또 누구는 듣는 사람을 생각지 않고 아무 말이나 하는, 지금 돌아보면 어느 모임에나 있을 법한 문제 때문이었다. 그런 갈등이 있었음에도 지금까지 금요일을 기다리는 것을 보면 싸워도 역시 함께 노는 것이 재미있으니 각자의 성향을 인정하고 받아들인 것 같다.

진짜 피리 부는 사나이가 된 아이들

이 동아리 동생들만의 심각했던 고민은 '누나들이 과연 중학생이 되어도 자기들 같은 초딩하고 놀아줄 것인가'였다. 동생들을 안심시켰던 한 누나의 고백, "내가 너희들을 얼마나 사랑하는데!"

아이들이 고심하고 투표까지 해서 동아리 이름을 '피리 부는 아이들'이라 붙인 건 동화 '피리 부는 사나이'처럼 사람들을 많이 모이게 하고 싶어서란다. 같이 하고 싶은 친구들이 속속 생기는데 학원, 부모님 허락 등의 문제로 같이하지 못해 아쉬워 하던 차, 전주와 가까운 김제에서 초중등 친구들의 들락날락 2기가 탄생했다. 부모들도 아이들도 신이 나서 만족한다고 하니 마음이 뜨겁고, 기쁘다.

나중에 아이들이 지금 이 시간을 돌아볼 때 어떤 기억이 남아 있을까? 집과 놀이터를 '들락날락'거리며 온 동네 휩쓸고 놀았던 추억과 함께 "오늘 너희가 올 줄 알았지!" 하며 반갑게 문을 열어주고, 따뜻한 밥을 나누고, 늦게까지 놀아도 눈치주지 않고, 뭘 해도 어른의 잣대로 막지 않았던 이모들도 기억이 날까? 요즘 아파트 숲에 사는 대부분의 아이들은 아침 저녁 잠깐 보는 부모, 학교 선생님, 학원 선생님, 편의점 아저씨, PC방 알바 형 정도로 만나는 어른이 다양하지 않다는데 내 아이 주변에 그저 지긋이 바라봐주는 괜찮은 어른들이 있다는 사실이 그리 든든할 수가 없다.

엄마인 내가 주도해서 노는 시간, 놀 친구, 노는 공간을 짜줄 능력도 없거니와 그건 놀이가 아니라고 생각했다. 우리 아이는 아파트에 살아서, 다들 학원 다니느라 바빠서, 놀 친구가 없어서 어쩔 수 없다며 포기하고 말 뻔했다. 몇 명의 작은 협력으로 통째로 시간을 낼 수 있고, 집과 온 동네를 휩쓸며, 언제나 그 자리에 모이는 친구들이 있으니 들락날락은 놀이를 통해 배우며 크는 우리 아이에게 가장 중요한 일정 중 하나가 되었다. 이 작은 프로젝트가 큰 피리 소리를 내며 널리 퍼져서 다른 아파트 숲도 이런 마을이 될 수 있으면 좋겠다. 마을은 공간이 아니라 사람이기에 함께 놀아주는 친구가, 따뜻하게 문 열어주는 이모가 고맙다. 우리 아이를 함께 키워줘서.

(vol. 111, 2017. 5-6)

아이들과 마을이 함께 자라는
농촌유학

시골에 사는 도시 아이들

환경단체 활동가 시절, 어떤 자료집에서 대학생 팀이 일본에서 산촌유학을 시작한 교육운동단체 '소다테루카이'(키움회)를 탐방한 글을 보았다. 도시에 살던 아이들이 시골에서 학교를 다닐 수 있다니. 이따금 시골에 가서 자연 체험을 하는 게 아니라 '시골에 산다'는 글귀가 내 마음을 쿵쿵 움직인 것이 분명하다. 당시 업무 중에 한 달에 한 번, 농촌에서 새로운 삶을 꾸리는 분들을 찾아가는 기행이 있었다. 활동가 중 막내였던 내가 맡은 일

김일복 _ (사)농산어촌유학전국협의회 교육팀장. 네 아이를 키우면서 경남 함양에서 땅새라는 별명으로 동네 아이들을 만나고 있기도 하다.

은 진행에 부담을 주지 않기 위해 부모 따라 참가한 아이들을 돌보는 것이었다. 아이들과 자연을 만나는 과정을 함께하면서 뭔가 내 몸이 반응하는 걸 느꼈다. 아이들이 자연과 만나고 반응하는 과정은 어른들보다 단순하고 꾸밈이 없어서 참 좋았다.

2001년 우연치 않게(필연적으로) 일본 소다테루카이 캠프에 자원 교사로 참가해 아이들을 만나고 한국에 돌아온 나는 소규모 나들이 프로그램을 진행했다. 아이들과 2박3일 또는 3박4일 동안 다녀오는 가벼운 들살이 여행이었다. 그 여행을 시작으로 좀 더 길게 같이 살아볼 아이들을 만나기 시작했다. 결혼을 하면서 자리 잡은 지리산 근처 함양에서 시작한 들살이는 3박4일로 시작해 2주 위탁학습, 한 달 위탁학습으로 조금씩 길어졌다.

처음에는 나도 이곳이 낯설어서 어떤 활동을 해야 할지 잘 몰랐지만 일단 아이들과 같이 걷고, 요리를 하고, 자연을 만나고, 이야기를 나누었다. 자연스럽게 그런 자리가 만들어지고 나니 때로는 도시 아이들끼리 나들이를 하기도 하고, 도시 아이들과 마을 아이들이 섞여 같이 공부를 하거나 들길을 걷기도 했다. 지금 생각하면 아이들과 부대끼고, 도서관에서 책을 보고, 생각하고, 내 생각을 나누고 그것을 실행해보며 농촌유학 교사로서 배움의 과정을 거친 것 같다. 장소가 마땅치 않아 몇 년 더부살이를 한 끝에 지금은 주변의 도움으로 이웃들과 일상을 나눌 수 있는 작은 공간에서 아이들을 만나고 있다. 우리는 그것을 마을학교나 교육공동체라고도 부르고 농촌유학이라고도 부른다.

네 아이의 엄마가 된 지금, 아이들 키우는 일이 생각보다 어렵다는 걸 몸소 깨닫고 나니 처음 이 일을 하겠다고 했을 때 어디서 그런 용기가 났을까 싶다. 아장아장 걷는 우리 아이들도 있는데 겁도 없이 "우리 집에서 농촌유학 할 테니 아이들을 보내주세요. 신나고 재미있게 살 수 있어요" 했다. 그러고 보니 농촌유학을 시작하던 시절, 난 정말 어설픈 엄마였구나 하는 생각이 든다. 같은 부모에게서 태어난 우리 네 아이들은 물론, 우리 집을 거쳐간 아이들도 하나하나 모두 다른 존재들이어서 순간순간 정말 많은 일들이 벌어졌지만 힘든 줄도 모르고 신나게 살았다.

어느 날 정신을 차리고 보니 내가 해오던 그 일을 같이 해보자는 활동가들이 모이기 시작했다. 그렇게 농산어촌유학전국협의회가 만들어졌고, 지금은 전국 30여 개 현장에서 '농촌' '교육' '아이들'이란 화두를 중심에 두고 농촌유학을 꾸려가고 있다. 농촌유학은 도시에 사는 아이들이 농촌의 농가 또는 센터에서 생활하고 시골의 작은 학교를 다니며 농촌을 알아가는 교육이다. 쉽게 말해 시골에 있는 초등학교로 전학을 하는데, 함께 이주하기 어려운 도시 부모들을 위해 농촌유학 교사나 인근 농가 주민들이 돌봄과 일상을 함께해주는 형태이다.

농촌유학을 하는 아이들 중에는 도시에서도 아주 잘 지내지만 시골살이를 경험하고 싶은 아이도 있고, 도시의 큰 학교에서 선생님 또는 친구들과 소소한 갈등을 겪은 아이도 있고, 부모가 농촌이나 시골학교에 관심이 있어 보내는 경우도 있다.

농촌유학은 교사와 여러 아이들이 함께 지내는 센터형과 기존의 농가에서 함께 지내는 농가형으로 나뉜다. 각각의 장단점이 있어 부모들은 내 아이에게 어느 곳이 좋을까 꼼꼼히 살펴보고 보낸다. 도시에서 온 아이들은 마을 아이들과 어울려서 놀고 같이 제철 먹거리로 밥상을 차리면서 몸과 마음이 건강한 아이들로 자란다. 한 달, 한 학기, 일 년이 지나면 도시 아이들은 더 이상 '도시'라는 표현이 어울리지 않을 정도로 시골에 적응하게 된다. 농촌유학을 마치고 돌아간 아이들이 시골에서 보낸 시간을 두고두고 얘기하는 걸 보면, 이 시간이 아이들 인생에 추억의 한 시절로 남게 된 것이 보람 있고 기쁘다.

부모와 떨어져 농촌에서 학교를 다닌다는 것

요즘은 마을 아이들과 공부하고 노는 일에 집중하느라 우리 집에서 지내는 유학생은 없지만, 농촌유학에 관심 있는 분들이 찾아오면 상담을 하고 농촌유학 사무국 일을 챙기기도 한다. 우리 집은 농가형 산촌유학인데 살림집 가까운 곳에 농가를 임대해서 일부는 살림을 살고 손님들이 오면 머무는 공간으로 사용하고 있다. 최근 3~4년은 계절캠프를 주로 하고 있는데 공동육아를 한 아이들이 오기도 하고, 교육공동체 활동을 하는 부모님의 아이들이 오기도 한다. 농촌유학을 하는 와중에 키운 네 아이가 부쩍 성장해 큰아이, 둘째아이는 벌써 청소년이 되었고, 초등학생인 셋째, 넷째가 캠프의 보조교사로 참여하거나 유학생들의 친구가 되어 놀아주기도 한다. 어릴 적 낯선 동네에 가면 처음엔 데면데면하다가 친해지면 네 것 내 것 없이 신나게 놀았던, 딱 그런 정도의 친구 역할을 해주고 있다.

아이들이 어릴 적엔 유학생들과 함께 등교하곤 했는데, 학교 가는 시골길이 날마다 조금씩 변하는 걸 알아차리는 것이 참 신기했다. 학교버스를 기다리는 마을 어귀엔 오래된 당산나무가 서 있는데, 겨울이 지나고 마을 어르신들이 감자를 심고 고추 심을 비닐을 씌울 무렵이면 그 나무에 보일 듯 말 듯 옅은 쑥빛의 싹이 돋는다. 아침마다 그 길에서 버스를 기다리는 아이들은 안다. 보일 듯 말 듯 하던 쑥빛 잎이 날마다 조금씩 자라서 연두빛 잎이 된다는 것을.

그 바쁜 아침에 학교버스를 기다리는 아이들 입에서 나무의 변화에 대한 이야기들이 톡톡 튀어나온다. 당산나무에 새가 알을 낳고 품는 걸 나보다 먼저 알아차리기도 하고, 지천으로 피어나는 제철 꽃을 한 움큼 따서 하늘에 뿌리며 꽃길을 만들기도 한다. 가끔 동네 어르신들에게 한소리 들을까봐 말리기도 하지만, 그래도 손으로 꽃을 따서 냄새 맡고 하늘로 던져 떨어지는 모양새를 보며 신나 하는 아이들을 보면 슬그머니 나도 좀 해보고 싶다는 생각이 들기도 한다.

시골학교에는 한 교실에 열 명 내외의 아이들이 생활하기 때문에 좀더 세심한 교육과 돌봄을 받을 수 있다. 유치원부터 초등학교까지 쭉 같은 친구들과 다니는 게 일반적인 시골학교 풍경인데, 담임 선생님은 도시에서 전학 온 아이 덕분에 학급 분위기가 좋아졌다고 하신다(물론 반대의 경우도 있다).

빡빡하게 학원을 돌던 도시에서의 생활과는 다르게 시골에서 아이들의 일상은 여유롭게 흘러간다. 학교에서 친구들이랑 공부하고 중간 체육시간에 신나게 놀고 방과후 수업도 하고 집에 돌아온다. 집에 오면 간식을 먹으며 학교에 있었던 일을 이야기하고, 가정통신문도 꺼내 보여주고, 강아지와 가볍게 동네 한 바퀴를 걷거나 저녁식사 준비를 돕는다. 요리를 하면서 아이들은 "도시 집에 가니까 여기선 밭에서 뜯어오던 것들을 마트에서 사먹는 게 이상하더라" 하는 얘기를 꺼내기도 한다.

엄마 아빠가 없으니 일상에서 웬만한 일은 스스로 해야 하는 것도 아이들에겐 큰 변화다. 주변 정리, 잠자리 준비 등 평소 하지 않던 일들을 농가 부모, 그리고 같이 생활하는 친구들과 직접 해야 한다. 2학년 때 농촌유학을 했던 남자아이의 어머니가 이야기하시길 주변에서 아이가 굉장히 야물어졌다며 어디를 갔다 왔냐고 물어본다고 한다.

가장 최근에 다녀간 현수(가명)는 대안학교를 고민하다가 결국 농촌유학을 오게 됐다. 아이들과 어울려 학교를 다니고 나들이도 가고 마을에서 열린 가을축제도 가면서 신나게 지냈다. 현수 부모님은 아이와 같이 살 때는 갈등이 많았는데 농촌유학을 보내고 떨어져 있는 동안 아이와의 관계를 다시 살펴볼 수 있게 됐다고 하신다. 나중에 들었는데, 부모님과 집으로 가는 길에 현수가 울었다고 한다. 현수 부모님은 아마 시골 가족들이 보고 싶어서 그런 모양이라고, 모든 것이 풍요로워 부족함 없는 시대에 아이에게 그리움을 알게 해줘서 고맙다고 하셨다.

　여름, 겨울에 열리는 계절 들살이를 여러 번 오고 5학년 때 농촌유학을 경험한 휘준이는 중학생 무렵 아빠와 여행을 와서 우리집에 머무르며 지리산에 올랐고, 얼마 전엔 대학교에 다닌다며 늦둥이 동생과 자기가 경험했던 시골생활을 같이 해보고 싶다고 안부 전화를 했다.

　아이들이 시골학교, 시골집에 적응하는 동안 도시 부모들 또한 서로 아이를 같이 키우는 부모로, 좋은 이웃으로 새로운 관계를 맺는다. 농촌유학을 통해 도시 아이, 도시 부모, 시골 가족들도 한뼘 더 성장하고 이웃과 더불어 세상을 살아가는 법을 알아가게 된다. 그렇게 우리 마을은 농촌유학을 마친 아이들과 부모들에게 제2의 고향이 되어가고 있다.

일본 우루키산촌유학센터를 찾아

해를 거듭할수록 농촌유학 현장은 어떻게 변해야 하는지 고민을 하고 있다. 도시와 농촌 모두 학령기 아동이 줄고 있고, 농촌유학에 대한 문의가 줄고 있다. 아마 도시 부모들도 새로운 교육에 마음을 쓸 만큼 생활에 여유가 없을 것이다. 한국 농촌유학의 미래를 위해 50년 된 일본 산촌유학의 역사를 같이 돌아보고 교류할 필요가 있다고 생각해 그간 소다테루카이의 야마모토 선생님과 2~3년에 한 번씩 만나 교류를 해왔다. 현장을 직접 방문해 더 깊이 있는 이야기를 나누고 싶다 생각하던 차 야마모토 선생님이 추천해주신 곳은 나가노현에 있는 우루키마을이었다.

우루키는 인구 600명 정도로 일본에서도 손에 꼽힐 만큼 작은 시골마을이다. 그 작은 마을에서 35년 전부터 산촌유학을 하고 있었다. 우리가 방문했을 때는 열두 명의 농촌유학생이 네 명의 활동가와 함께 생활하고 있었는데, 우리는 특히 공간 배치에 감탄을 했다. 우리나라 농촌유학센터는 기존의 농가 또는 조금 더 큰 공간에서 운영하는 터라 아이들이 스스로 살림을 하기 적절치 않은 구조다. 우루키산촌유학센터는 처음부터 단체 생활과 캠프 운영을 염두에 두고 설계한 건물이라 세면실, 화장실, 세탁실, 목욕탕을 충분히 갖추고 있었다. 아이들이 머무는 공간인 만큼 아이들 입장에서 자립적인 일상생활이 가능하도록 동선을 배려해야 한다는 걸 느꼈다.

일본정부에서 주도하는 '지역활성화협력대'도 산촌유학만큼 흥미로워서 우리 일행은 큰 관심을 보였다. 지역활성화협력대는 시골로 이주해서 지역을 활성화할 사람을 파견하는 사업이다. 지역활성화협력대로 온 열일곱 명 중에 열다섯 명이 마을에 거주하며 마을에 활력을 불어넣는 활동을 기획하기도 하고, 그런 활동을 SNS에 알리는 일을 하고 있다. 예를 들면 현직 마라토너가 우루키마을에 마라톤 훈련을 유치하기도 하고 주민들과 일주일에 한 번 건강 달리기 활동을 하는 식이다. 산촌유학센터장도 주방에서 조리를 맡고 있는 활동가도 지역활성화협력대로 우루키에 오게 된 분이었다. 한국의 농촌유학 현장도 젊은 활동가가 많지 않아 고민인데, 이런 정책을 통해서 농촌유학센터나 지자체에 청년 활동가들이 모일 수 있으면 좋겠다고 생각했다.

"일본의 산촌유학은 먹거리, 에너지, 환경문제 등을 어떻게 하면 삶의 문제로 가져올까 하는 고민에서 출발했습니다. 지역에 사는 사람들과 같이 만나면서 먹거리를 생산하고 거두고 생활 속으로 들어가는 교육활동이라고 할 수 있습니다." 야마모토 선생님의 말씀에 한국 농촌유학의 의미를 다시 생각해보게 되었다. 농촌유학협의회에서 건신대학원대학교와 함께 활동가 교육 프로그램을 개발, 진행하고 있지만 아직 한국의 농촌유학 현장들 간의 공통적인 정체성과 교육적 가치를 만들어내는 작업은 못하고 있다. 사회의 변화나 학부모들의 요구에 따라 농촌유학 개별 현장이 변할 가능성도 있어서 각각 현장의 다양성은 존중하되 중심을 지킬 수 있도록 구조화하는 방법이 필요하다.

농촌과 학교를 지켜나가는 일

급격한 노령화로 각 언론에서 보도하는 지역 소멸에 대한 기사를 보면 걱정 반 낙담 반이다. 대도시와 인근 지역 말고는 다 빨간불이 켜졌다. 함양군을 예로 들면 2016년 사망자는 494명, 출생아는 209명으로 유입 유출을 뺀 인구감소가 285명이다. 15년 전 100여 명이었던 우리 지역 초등학생 수도 한 해가 다르게 줄더니 올해는 40명 정도가 되었다. 우리 아이가 다니는 학교의 학생 수가 줄어드는 것도 걱정이지만, 그보다 농촌의 교육적 가치가 외면받는 게 아쉽다. 농촌과 농촌학교의 교육적 가치를 발견하고 알려나가는 일이 꼭 필요하다.

농촌에 있는 작은 학교의 장점은 전교생이 수백, 수천 명인 대규모 학교에 비해 아이들이 교육활동에 주인공으로 참여할 수 있는 기회가 많다는 것이다. 아이들이 성장하기 위해서는 다양한 사람들과 다양한 가치 속에서 자신이 잘하는 것, 좋아하는 것을 찾는 시간이 필요한데 농촌유학도 그중 한 역할을 하고 있다고 생각한다. 농촌유학을 매개로 가족 전체가 이주할 계획을 가진 가정에서 귀농, 귀촌에 대해 문의하는 경우가 있는데, 그분들께 농촌살이의 좋은 면만을 이야기할 수는 없다. 현실적으로 힘든 부분이 분명 있기 때문이다. 하지만 농촌유학이라는 부분적인 경험이 아이들이 건강하고, 비교적 안전하게 자랄 수 있는 환경이라고, 자신의 색깔로 성장하기에 도움을 줄 수 있는 환경이라고는 자신 있게 권할 수 있다. 요즘 대도시에서도 마을 만들기 사업을 하고 구성원들이 모여서 지역사회, 지역교육을 모색해가고 있다는 소식을 들으면 참 반갑다. 도시는 도시 나름대로 대안을 만들고, 농촌 또한 그 장점을 살려 아이들의 성장을 방해하는 척박한 환경들을 함께 바꾸어나갔으면 좋겠다. 올해도 농촌유학 현장에서 좋은 벗들을 만날 수 있길 꿈꾼다.

(vol. 115, 2018. 1-2)

나는 마을학교에서 청년이 되었다

나를 해치지 않는 공간

초등학교 2학년이 되던 해, 나는 이곳 성미산마을에 왔다. 이사 오기 전, 일 년 동안 제도권학교에 다녔다. 아이들은 매일 교탁을 바라보고 앉아 사자성어를 외우고 선생님이 내준 문제를 풀었다. 학교가 끝나면 다른 친구들은 노란 학원버스를 탔다. 내 단짝 친구는 구몬이나 윤선생 같은 학습지 과외를 받았다.

1학년 때 담임선생님은 틈만 나면 장구채로 아이들의 엉덩이

유예 _ 서울 마포의 성미산마을에서 유년기부터 10년째 살고 있다. 공유경제를 실험하는 '성미산 청년유니온 명왕성'에서 활동하면서 노래 부르고 글을 쓴다.

나 손바닥을 때렸다. 나는 선생님이 아이들을 때리고 싶어서 출
근한 것일 수도 있겠다고 생각했다. 학교에 가는 게 무서웠다. 너
무 무서워 아침에 볼일을 오래 보는 척하거나 교문 앞에서 집으
로 돌아온 적도 있다. 엄마와 아빠는 폭력적인 선생님과 나를 분
리시키기 위해 서명을 받으러 다녔다. 전쟁 같은 한 해를 보낸 후,
엄마 아빠는 내게 대안학교에 가보지 않겠냐고 했고 이듬해 우리
가족은 이사를 했다.

이사를 한 집은 전에 살던 아파트가 아닌 연립주택이었다. 이
사 온 다음 날, 같은 주택에 사는 동갑내기 친구가 우리 가족을
자신의 집으로 초대했다. 친구는 내가 다닐 학교인 성미산학교에
다니고 있다고 했다. 우리는 처음 본 사이였지만 곧장 친해졌다.
함께 보드게임을 하고 수다를 떨다 보니 시간 가는 줄 몰랐다. 보
드게임이 질릴 때쯤 내복 하나 입고 동네를 뛰어다녔다. 그 시간
양육자(부모)들은 식탁에 모여 이야기를 나눴다.

성미산학교에서 제일 놀랐던 것은 학생들이 교사를 별명으로
부르는 것이었다. 심지어 교장선생님도 별명으로 불렸다. 양육자
들도 저마다 별명이 있었다. 나는 별명을 부르며 포근하고 안정
적인 느낌을 받을 수 있었다. 학생들을 때리는 선생님이나 학생
과 학생을 비교하는 선생님도 없었다. 사자성어 따위도 배우지
않았다. 대신 버스를 타고 숲에 갔다. 여름에는 계곡에서 수영을
했고, 겨울에는 고구마를 구워 먹었다. 그때 흙바닥에서 뒹굴다

생긴 상처들이 아직까지 남아 있다. 물론 수학이나 영어 수업은 여전히 싫었다. 하지만 수요일 오후에 있는 '신나게 뛰어라' 수업을 생각하면 참을 만했다.

학교가 끝나면 친구들과 온 동네를 뛰어다니면서 놀았다. 경찰과 도둑, 얼음땡, 땅따먹기 등 별의별 놀이들을 했다. 눈이 많이 오면 포대자루를 끌고 성미산에 올라가 썰매를 신나게 탔다. 엄마와 아빠는 귀가 시간이나 활동 반경에 제약을 크게 두지 않았다. 길에서 놀면 아는 사람들을 두세 명씩 꼭 만나 나의 소재가 확인되기도 했고, 내 친구의 양육자가 곧 내 양육자의 친구였기 때문에 안심하고 마실을 보낼 수 있지 않았을까 짐작한다. 동생이 초등학교 1학년일 때 처음으로 마트에 심부름을 갔는데, 엄마는 두 통의 전화를 받았다고 했다. 마트로 가는 길목에 있는 마을 카페에서 일하는 분과 마트 직원이 엄마에게 안심하라고 전화를 해준 것이다. 엄마가 전해준 이 일화는 아직까지 좋은 인상으로 남아 있다.

성미산마을은 이렇듯 아동의 안전한 생활을 위해 탄생했다고 말할 수 있다. 1990년대 중반, 자연에서 아이들을 키우고 싶은 양육자들이 도심의 성미산 아래에 공동육아어린이집을 설립한 것이 성미산마을의 시초였으니 말이다. 양육자들은 공동육아어린이집의 교육과정과 운영 방식을 함께 고민하고, 필요한 것들을 십시일반으로 마련했다. 아이들은 조기교육, 경쟁에 대한 압박

없이 유년기를 보낼 수 있었다. 그러던 중 2000년대 초, '성미산 싸움'이 일어났다. 서울시가 성미산에 배수지를 건설하려고 하자 마을 사람들이 크게 반대한 것이다. 아이들의 놀이터이자 생태적 가치가 있는 자연을 보존하기 위해서였다. 마을 사람들은 이 싸움을 계기로 '생태마을'에 대한 인식을 공유하기 시작했고, 생태를 바탕으로 한 대안학교인 성미산학교를 설립하게 되었다.

성미산학교는 대안학교 중에서도 독특하게 '마을공동체' 안에 자리하고 있다. 학교 건물 안에서만 배우는 게 아니라 마을 사람들과 함께 다양한 일들을 꾸며볼 수 있다. 교육 내용에 대한 가능성이 무한하다는 점, 이를 통해 획일화되지 않은 진로를 탐색할 수 있다는 점이 마을학교의 좋은 점이라고 생각한다.

마을 사람들은 방과후에 갈 곳 없는 아동들을 위해 교육 프로그램을 만들고, 따뜻한 곳에서 안전하게 지낼 수 있게 도와주었다. 안심할 수 있는 먹거리를 위해 소비자협동조합을 만들었고, 유기농 카페, 반찬가게, 공방, 리사이클링 가게 등이 생겨났다. 성미산학교 학생들은 이런 가게, 단체들과 함께 프로젝트를 진행한다. 학생들이 리사이클링 가게의 운영을 맡기도 하고, 마을 공동주택에 적정기술을 활용해 화덕을 짓기도 하고, 어린이집과 도시락 가게에서 인턴십을 하기도 한다. 성미산학교는 평범한 듯 보이는 수업을 마을과 유기적으로 연결해 특별한 배움으로 만들어내고 있다.

왜 사람들은 모여 살까?

뛰어노는 것이 슬슬 지겨워질 때쯤, 나는 성미산학교 중등 과정에 진학했다. 중등 과정에서 가장 기억에 남는 수업은 〈시민사회〉다. '개인'이 아닌 '시민'으로 존재하는 공간, '사회'에 대해 생각해볼 수 있는 계기가 되었다. 구체적으로는 인권사, 페미니즘, 장애학 등을 배웠다. 불편함에 대한 이유를 말할 수 있게 된 것은 꽤 즐거운 일이었다. 이후 내가 하게 될 다양한 활동에 좋은 밑거름이 되었다.

시민사회 수업을 쭉 들으며 내 뇌리를 관통했던 질문은 "왜 사람들은 모여 사는가?"였다. 사람들이 모여 만든 가장 큰 공동체인 국가의 부재, '보편'의 탈을 쓴 차별을 보면서, '우리' 안에 속할 수 없는 사람들에 대해 생각했다. 또한 이런 문제들을 해결하기 위해서는 역설적으로 다시 '모여 살아야 한다'는 답을 내릴 수 있었다. 성미산마을도 이런 문제의식에서 출발한 공동체일 것이다. 성미산마을을 내 집, 내 사생활이 있는 사적인 공간이 아닌, 사람과 사람이 모여 문제를 해결하며 살아가는 공적인 공간으로 인식하는 순간이었다. 이런 생각은 내가 앞으로 마을에서 무엇을 할 수 있을지 고민하게 해주는 초석이 되었다.

중등 과정을 졸업하고 '포스트 중등' 과정에서는 좀더 구체적으로 일을 만들어보는 경험을 했다. 협동조합 매점 운영, 인턴십

등 다양한 활동들을 했다. 돈을 벌거나 일머리를 쌓아가는 수업들이 주로 편성되어 있었다. 나는 〈저를 써먹어주세요〉 프로젝트를 진행했다. 기타 레슨, 컴퓨터 작업, 청소, 아이 돌보기 등 내가 가진 재주들을 공개한 후 마을 사람들이 요청하는 일을 해주고 돈을 받았다. 주로 기타 레슨에 대한 문의가 많았고, 그중 몇 가지 일들은 지금까지 쭉 이어서 하고 있다. 보통 사람들이 생각하는 '직업'과는 거리가 먼 일이었지만, 마을 안에서 나를 필요로 하는 사람들이 있다는 사실을 확인했다.

이 과정을 통해 나는 제일 먼저 미래에 대한 걱정을 내려놓을 수 있었다. 안정적인 생활을 위해서 취업을 해야 하고, 취업을 위해서 대학에 가야 하고, 대학에 가기 위해서 뼈를 갈아 공부해야 하는 이 시스템에 속하기 싫었던 나는 늘 불안감을 가지고 있었다. 하지만 이제 나는 사회적 기준에 만족하지 않아도 누구에게 '필요한 사람'이 될 수 있다는 사실을 알게 되었다.

포스트 중등에서 기조로 삼고 있는 주제는 '기본소득'이다. 기본소득 개념은 나의 진로, 돈에 대한 가치관, 더 나아가 세상을 바라보는 관점 자체를 바꾸었다. 포스트 중등의 학생들은 매학기 기본소득을 주제로 마을 안에서 세미나와 포럼을 두세 차례 열었다. 내가 졸업할 즈음에는 성미산마을의 청년들에게 기본소득을 지급하는 프로젝트를 열기도 했다. 마을 사람들이 십시일반 재원을 마련해주었고, 덕분에 열 명 정도의 청년들이 6개월 동안 소정의 기본소득을 받았다. 나도 운 좋게 대상자로 선정됐다. 비록 큰돈은 아니었지만 나는 마을 사람들이 나의 자립을 진심으로 응원하고 있다는 느낌을 받았다. 졸업 후 지금까지 '모두가 노동력과 상관없이 똑같은 금액의 돈을 받을 권리가 있다'는 기본소득의 명제를 기반으로 공유경제 프로젝트를 진행하고 있다. 친구들과 함께 마을에서 좋아하는 일을 하며 돈을 벌어 똑같이 나눠 갖고 있다.

청소년들의 마을살이가 청년으로 이어지려면

졸업 후 마을에서 하고 있는 여러 일들 중 하나가 '성미산 청년 유니온 명왕성' 활동이다. 주로 자녀와 40~50대 부모로 구성된 정상가족 혹은 육아공동체인 성미산마을에 주체적인 청년 세대가 등장한 것이다. 성미산학교 졸업생 네트워킹, 청년 계절학교, 함께 졸업한 발달장애 친구와 소풍을 다니는 프로젝트를 같이 하고 있고, 개인적으로 포스터 디자인, 영상 제작을 하거나 지역 복지단체에서 일하는 친구들도 있다. 마을 사람들은 우리를 환대하며 기뻐해주었지만, 청년들의 등장 이후 마을에 변화의 시기가 찾아온 것은 분명해 보였다. 청소년들이 학교를 졸업한 후에도 마을공동체에서 삶을 유지해 나갈 수 있으려면 몇 가지 필요한 것이 있다는 걸 느꼈다.

우선 이들을 바라보는 시선의 변화다. 마을에서 소소하게 만들어지는 일자리들은 특정한 연령대나 학력, 자격을 요구하기도 했고, 경험이 부족한 우리들을 내심 답답해하는 마을 어른들도 있었다. 반말과 존댓말을 어색하게 섞어서 사용하시는 분들을 볼 때마다 '청소년과 비청소년(성인)의 간극이 도대체 무엇인가?'라는 질문을 던져보기도 했다. 여러 세대가 마을학교라는 공간에서 융화하려면 학생이 '어른'을 가르칠 수 있고, 교사나 어른이 학생에게 배울 수도 있다는 것을 마을 사람들이 알아야 한다. 상징적으로 드러나는 '어색한 반존대' 문화가 청소년과 비청소년 사이에 간극이 있음을 반증한다. '미성숙한 사람은 하대해도 될까?' '성숙하다는 것은 무엇일까?' '배운다는 것은 무엇일까?' 어렵지만 재미있는 질문을 마을 사람들과 함께 풀어보고 싶다.

최근 나는 마을에 사는 30~50대 남성들과 함께 '아빠 페미 모임'을 진행했다. 나와 내 친구들이 선생님이 되어서 아빠들에게 페미니즘을 가르친 것이다. 가장 기억에 남는 수업은 청소년 섹슈얼리티에 관한 것이었다. 공교롭게도 수강생들은 모두 딸을 둔 아빠들이었다. 그간 청소년 페미니즘 활동을 하며 간간이 강의할 기회가 있긴 했지만 양육자들을 대상으로 한 것은 처음이어서 많이 떨렸다. 나이라는 위계가 예상보다 큰 압박으로 다가온다는 것을 실감했다. 하지만 학생들은 반대 의견이 있어도 나의 강의를 존중해 끝까지 경청했다. 강의가 끝난 후에는 보호주의와

의제강간 연령 문제에 대한 열띤 토론이 이어졌다. 나는 어른 '학생'들이 여성학에 대한 지식보다 어린 여성이 무언가를 가르치는 모습 자체에서 얻어간 것들이 더 많지 않을까 기대하고 있다. 경계를 구분하지 않고 배움을 주고받는 흐름이 마을 사람들 사이에 더 많이 생겨나면 좋겠다.

또한 '마을 사람'이란 누구인지 끊임없이 질문해야 한다. 단순히 사람들이 모여 산다고 해서 마을은 아니다. 모든 사회가 그렇듯 사람이 모인 곳에는 늘 권력과 차별이 도사리고 있다. 성미산마을도 생태적 전환마을, 성평등마을을 꿈꾸고 있지만 거대한 사회와 크게 다르지 않다. '엄마와 아빠, 자녀'로 구성된 '정상가족' 중심의 문화는 다양한 형태의 가족의 존재를 삭제하기도 하고, 오랜 시간이 지났어도 같은 지역에 사는 노인들은 성미산마을에 대해 잘 알지 못한다. 나는 가능하다면 '공동체' 안에 조금 더 다양한 사람들이 포함되면 좋겠다고 생각한다. 각자 알아서 잘 살아남아야 하는 이 세상에서 공동체는 조금 더 많은 사람들을 끌어안아줄 수 있는 능력이 있다. 그러기 위해서는 환대를 위한 준비들이 앞으로 필요하지 않을까 싶다.

마지막으로 다양한 형태로 살아가고 있는 청소년과 청년들을 지원하는 사회 정책이 만들어져야 한다. 평범한 사람들이 모인 성미산마을에서 법이나 제도의 문제를 해결하는 데는 한계가 있다. 대학에 가지 않은 청년이나 제도권 학교에 다니고 있지 않은 청소년 또한 '보편적인' 사람들과 같은 시민으로 인정해줘야 한다. 다른 방식으로 경력이나 능력을 증명할 수 있는 방법을 모색해본다거나, 지자체에서 지원 사업을 선정할 때 학력에 대한 조건을 크게 제한하지 않는 방법들이 있을 것이다. 대안학교에 대한 믿음에 기반한 지원도 당연히 필요하다. 모든 사람은 자기가 배우고자 하는 것을 큰 장벽 없이 배울 권리가 있다. 문화적으로는 인식 개선이 필요하며, '고졸' '자퇴생' '대안학교 학생'이라는 단어들에 찍혀 있는 낙인들을 떼어내는 작업들이 필요하다.

교육은 모든 세대와 모든 성별, 모든 문화를 아울러야 한다. 그래야 교육의 효과가 빛을 발할 수 있고, 교육자와 피교육자 사이의 간극이 사라진다. 같은 의미에서, 그 간극에 놓여 있는 청년이 서로를 연결하는 역할을 한다면 모든 마을 사람들이 서로 배움을 주고받는 자연스러운 흐름이 만들어지지 않을까 싶다.

더불어, 마을 전체에 학교 교육과정을 바탕으로 한 공개교육이 개설되면 좋겠다. 학교에서 아무리 좋은 내용을 가르쳐도, 마을 사람들이 그것을 실천하지 않는다면 당연히 무용지물일 것이다. 교육공동체로서의 마을이란 그런 게 아닐까 싶다. 학교를 세운 다음 모든 것을 교사나 연구자에게 위임하는 게 아니라, 마을 사람들이 함께 좋은 배움에 대해 고민하는 것 말이다.

(vol. 122, 2019. 3-4)

마을교육공동체의 의미와
역할을 되묻다

전염병이 유행하는 시대의 마을교육

"일단 조금 기다렸다가." "다음 주 상황 봐서." "좀 더워지면 낫지 않겠어요?"

여름이 올 때까지 나와 함께 일하는, 혹은 일하고자 했던 사람들이 숱하게 했던 말이다. 내가 무엇을 예측했는지는 전혀 중요하지 않다. 이 모든 예측과 관망은 광복절을 계기로 끝장났다.

코로나19에 감염된 사람들의 표시가 영화 속 그래픽처럼 전

이하나 _ 지역교육네트워크 이룸 대표. 경기 안양에서 지역활동가로 살면서 공익사업 홍보, 강의, 집필을 주업으로 한다. 『포기하지 않아, 지구』를 썼다.

세계에 점점 퍼져나갈 때 한국정부는 공공기관 우선 폐쇄라는 지침을 선택했다. 공공기관 중 복지와 돌봄을 책임지는 곳도 '불특정 다수'가 이용한다는 이유로 폐쇄했다. 더 많은 불특정 다수가 이용하는 대중교통은 없어선 안 되지만 복지기관은 이용하지 않아도 괜찮다는 이유를 보탠 셈이다. 국가가 청소년수련관, 평생학습원, 복지관, 학교 등의 다중이용시설을 바라보는 시각을 말해준다. 확진자 숫자가 줄어들고 전염병의 전파력이 줄어든다고 믿을 때쯤 집단감염이 급증하면서 방역단계가 다시 높아졌다. 문열 준비를 해왔던 많은 기관들이 다시 문을 닫았다.

마을교육공동체를 지향하거나, 마을교육을 어설프게라도 실천했던 곳들도 대부분 문을 닫았다. 내가 사는 지역에서는 거의 모든 마을교육사업이 중단되었다. 이들은 모두 공기관의 보조금을 다양한 형태로 지원받아 운영하고 있었는데, 방역지침에 따라 운영중단 명령이나 권고를 받거나 예산 지급이 기한 없이 미뤄졌다. 돈줄을 쥐고 있는 공공기관이 이미 절차를 마친 사업의 예산을 지급하지 않으니 마을에서는 아무 일도 할 수 없었다.

마을교육은 어떤 모습이었나

의무적으로 참여하는 학교교육을 공교육이라 하고, 지불할 수 있는 비용에 따라 원하는 것을 선택할 수 있는 교육을 사교육이라 한다. 그렇다면 '마을교육'이라 명명하는 것은 무엇을 말할까. 마을교육은 참여자들이 지불하는 돈과 교육의 양과 질이 비례하지 않고, 돈을 다 내는 것도 아니다. 참여를 중요하게 여기되 누구의 의무도 아니다. 모든 교육은 어쨌든 사람이 하는데, 교육을 전담한 사람의 노동에 대한 대가를 어떻게 보상하느냐에 따라 돈이 필요하기도 하고 돈 없이 운영될 수도 있다.

마을교육은 공교육으로 부족한 지점을 메우거나, 더 나은 삶을 주체적으로 가꾸고 싶은 사람들이 먼저 시작했다. 마을교육을 시작할 때는 품앗이 형태로 서로의 노동력을 교환하거나 소액의 회비를 받아 공동기금을 마련해 부족한 재원을 충당하기도 했다. 독립적인 교육공동체를 꿈꿨던 사람들은 스스로 한 푼 두 푼 모아 자립하는 공동체를 꿈꿨고, 실제로 그렇게 운영하기도 했다. 그러나 정부 주도의 마을 만들기 사업이 전국으로 전파되면서 공적 자금이 지역에 뿌려졌고, 2000년대 중반부터는 사회적기업 인증제가 도입되어 수많은 공모사업들이 시행되었다. 그러자 '저 눈먼 돈을 왜 안 받느냐'는 구성원들의 질타, 같이 협력하자는 지역단체들의 요청이 쇄도했다. 때로는 공모사업 실적이 필요한 공무원들의 권유로 서류를 작성하고 영수증을 잔뜩 붙이는 번거로운 일을 감수하면서 공적자금을 활용하기도 했다.

경기도에서는 이재정 교육감이 당선되면서 '꿈의학교'라는 마을교육공동체 민간 공모사업이 시작되었다. 수백억의 예산이 집행되고 각 지역마다 마을교육공동체를 꿈꾸는 사람들, 사교육업계에 신물 난 사람들, 공교육과 사교육 대열에서 이탈하는 사람들이 꿈의학교로 결집했다. '돈이 있으면 더 많은 것을 할 수 있다'는 논리에 아무도 토를 달지 않았다. 공모사업은 독약이라는 자성도 있었으나, 서류를 잘 작성하면 일 년에 수천만 원도 받을 수 있는데 이를 대체할 수 있는 자본은 마을에 없었다.

이제는 돈 없으면 없는 대로 하는 게 아니라, 누구를 찾아가서 호소하고 압박할지, 어떤 구상으로 계획서를 잘 써야 예산을 따올 수 있을지를 궁리하게 되었다. 정부의 정책기조를 귀 기울여 듣고, 담당 공무원이 원하는 성과가 무엇인지 따지기도 한다. 마을은 정부의 돈을 받는 대신 담당 공무원의 관리감독을 받으며 연내에 사업을 종결해야 하고, 해마다 연초에는 사업을 진행할 수 있을지 선택받는 위치에 놓였다. 일을 잘하는 실무자가 있는 공동체는 정책기조를 정확히 읽고 담당 공무원과 공모사업 심사위원들이 맘에 들어 할 만한 기획안을 만들어 몇 년 연속으로 사업을 진행할 수 있다. 그러나 정책 흐름에 맞추지 못하거나 서류를 잘 꾸미지 못하는 공동체는 사업선정에서 탈락했다.

마을교육공동체의 의미를 몰라도 누구나 마을교육에 참여할 수 있다. 처음 마을교육에 참여한 사람들은 "저기는 공짜던데 여기는 돈을 받네요"라는 반응을 보이면서 자립자금을 모으는 일이 점점 어려워지고 있다. 대다수의 마을교육공동체 사업을 시민단체라는 조직이 맡아서 진행하다 보니 어설프게 아는 주민들은 '시민단체가 정부자금을 받으니 돈 걱정이 없다'며 자립기금 모금에 인색하고, 어떤 주민은 '돈을 받으면 사교육 아닌가?'라며 의심의 눈초리를 보내기도 한다. 또 어떤 참가자들은 '무료로 이렇게 좋은 교육을 해주니 고마운 일'이라며 시혜성 복지 혜택을 받는 자세를 보인다.

공모사업 예산은 점점 늘어나고 있다. 공기관에서는 혁신적인 사업을 하고 싶은데 정치적으로 수세에 몰릴 가능성이 높거나 현장 중심으로 돌아가야 하는 일을 민관협치라는 이름의 공모사업으로 전환한다. 점점 더 많은 지자체에서 공무원들은 단체장의 공약 사업 중 꼭 해야 하는 일을 하고, 평생학습을 비롯한 마을교육과 마을공동체사업은 공모사업으로 전환해 예산액과 종수를 늘리고 있다. 이것이 정부에서 말하는 협치의 기본인지는 정확히 모르겠다. 공기관은 고유의 사업을 진행하고, 그 사업을 강화할 수 있는 주변 사업들은 모두 주민들에게 넘겨 예산을 주고 관리 감독하는 방식으로 바뀌고 있다.

전염병이 퍼지면서 공기관은 방역의 최전선에 나섰다. 방역은 공기관의 관리 감독 의무 중 하나가 되었다. 공기관의 관리 감독을 받는 곳도 공공기관에 준해 방역 대상이 되면서 예산을 받아 진행해왔던 마을교육은 모두 멈춰 있다.

마을교육공동체의 현실

코로나19 상황에서 우리 지역의 교육·복지 공동체 상황은 어떤지 살펴보면 크게 네 가지 형태로 분류할 수 있다. 첫 번째는 정부보조금을 받는 지역아동센터다. 아예 손을 놓고 있을 수 없어 센터 실무자와 교사들이 가가호호 아이들의 집을 방문한다. 매일 모든 아이들을 만날 수는 없지만 최대한 시간을 내어 순회를 하는 셈이다. 도시락과 먹거리를 배달하기도 하고, 아이들의 온라인 수업 준비를 일부 돕기도 한다. 한 지역아동센터에선 온라인으로 불을 쓰지 않는 간단한 음식 만들기 수업을 했는데 아이들이 무척 즐거워했다고 전했다. 실무자들은 그저 잘 지내고 있나 들여다보는 것만으로도 마음이 놓인다고 했다.

두 번째는 자발적 회비로 최소한의 운영비를 충당하고 공모사업으로 운영되어온 마을공동체다. 이런 곳은 대개 사무실을 갖추지 못하거나 다른 단체와 연대나 협력 관계를 맺는데, 실무진은 자원봉사자나 활동가가 그때그때 결합하는 형태다. 긍정적으로 보면 유연하다고 할 수 있고, 부정적으로 보면 주력 활동가에게 의존하며, 그가 만든 서류로 공모사업에 선정되어야 적극적인 활동을 펼칠 수 있는 한계가 있다. 이런 곳은 정부기금 의존도가 높아 현재는 운영이 중단된 상태다.

세 번째는 정부보조금을 받는 필수 복지공동체다. 장애인공동체 같은 곳은 후원금과 회비로 운영비를 감당할 수 있을 정도의 재정구조를 가지고 있으며 특별한 교육 프로그램과 치료활동에 정부보조금을 받는다. 이곳은 최소한의 긴급돌봄만을 진행하고 있는데, 점점 긴급돌봄 요청이 늘어나 힘겨워하고 있다. 정부의 방역조치 때문에 가장 기본적인 운동치료를 비롯한 프로그램을 아무것도 운영하지 못하고 있다.

네 번째는 독립적으로 운영하는 대안학교다. 이곳은 공공기관이 아니지만 정부의 방역 조치를 따르기로 구성원들이 합의했기 때문에 방역 단계가 높아졌을 때 수업을 중단했다. 그러나 원래 추구했던 것을 실천하기에 적절한 시기로 보고 10인 이하의 소규모 자발적 학습공동체와 교육공동체를 꾸릴 계획을 짜놓고 있다. 전염병의 여부와 상관없이 소규모 공동체를 다양하게 운영하면 교육의 질뿐만 아니라 구성원들의 삶도 나아질 수 있다고 생각한다.

마을뿐 아니라 교육기관과 다양한 공동체들은 전염병의 시기를 지나며 기준을 잡지 못해 우왕좌왕하고 있다. 정부의 방역 단계와 지침을 숙지하고 실천하는 데 수개월이 걸렸다. 발 빠른 사교육업체들은 온라인교육에 가장 빨리 적응했다. 지식습득이 최우선 과제이자 목표이며 학력을 높이고자 하는 의지를 가진 사람들이 주 대상이므로 인터넷 강의와 관리감독만 잘 해도 큰 변화 없이 잘 이끌어갈 수 있다. 공교육은 지식습득뿐 아니라 사회

성과 공동체 교육까지 아울러야 하기 때문에 온라인 비대면 교육으로 모든 것을 소화하기가 어렵다.

마을교육은 개인이 공동체의 구성원이 되겠다는 자발적 동기, 그리고 지속적인 참여와 공동체 내부에서의 역할이 중요하다. 함께 어울려 서로 배우고 가르친다. 우리 모두를 더한 것보다 똑똑한 개인은 없다는 집단지성의 힘을 믿고, 모든 개인은 저마다의 역량이 있고 타인에게 영향을 끼친다는 평등과 존중의 철학이 있어야 한다. 지금까지의 마을교육공동체는 어떤 모습이었는가, 이 기본에 충실해 왔는가 살펴볼 필요가 있다.

주도적인 사람이 모든 것을 이끌고 책임지며, 구성원들의 민주주의가 무르익지 못한 상태에서 공공 의존도가 높아졌다. 내부의 합의를 이끌어낼 만큼 여유롭지도 않다. 누군가가 무작정 자원활동 방식으로 전력을 다할 수도 없다. 공동체가 민주적으로 운영되어야 한다는 데는 모두가 동의하지만, 절차가 복잡하고 시간이 오래 걸리는 민주적 합의를 이루기 위해선 구성원들 간의 끈끈한 신의가 전제되어야 한다. 하지만 마을교육공동체를 표방하는 많은 집단들이 자생적 풀뿌리 활동을 기반으로 하기보다 사업을 우선으로 결성된 경우가 많아 돈이 끊기면 바로 공동체가 해체되거나 한 개인의 희생을 담보로 하여 겨우 유지되고 있는 실정이다.

곳곳에서 마을교육공동체를 꾸릴 구성원을 찾기가 어렵다는 호소는 몇 년 전부터 나오고 있었다. 참가자들은 의사결정 구조에 참여하기보다 자기 성취를 목표로 마을교육의 수혜자로 진입해 목적을 이루면 바로 다른 곳으로 떠난다. 마을공동체에 합류하고자 하는 사람들을 찾기 어려운 이유는 관계보다 성과를 중시하는 우리 사회의 분위기와도 관련 있을 것이다. 소규모 다양한 공동체에 '일 없이 참여'하고 '목적 없이 떠드는' 것이 시간 낭비, 곧 개인의 노동력 낭비로 여겨져, 무한경쟁의 시대에 목표를 잃고 표류하는 사람처럼 보이기 때문이다.

교육생태계와 마을교육공동체

마을교육이 애초 추구한 것은 우리 마을의 아이들을 마을에서 책임지자는 것이었다. 평생학습으로 발전해도 그 연령대가 달라질 뿐, 마을 사람들을 서로 함께 지키자는 의도였다. 그러나 지켜야 할 대상들은 각자의 이유로 어디엔가 숨어 있다. 경제적 형편이 좋은 아이들은 학원과 특별활동으로 평일에 눈코 뜰 새 없이 바쁘다. 그렇지 않은 아이들은 정보에도 취약해 마을에서 어떤 일이 일어나는지도 모른 채 빈집에 들어앉아 미디어로 시간을 보낸다.

이 양극단에 있지 않은 계층이 마을교육공동체에 합류한다. 자발적 참여가 가능한 시간과 경제적 여유가 있고, 지적 능력과

정보취합 능력도 평균 이상이며, 민주적인 의사소통이 가능한 계층들이 마을교육공동체의 핵심 구성원이 된다. 안타깝게도, 점차 중산층이 사라지는 이 나라에서 이런 계층은 매우 소수이며, 다른 계층이 보기에는 이상주의자나 고매한 지식층으로 보인다. 전염병까지 유행하면서 가정 내 돌봄이 가능한 아이들은 집에서 돌봄을 받느라, 그렇지 않은 아이들은 갈 곳이 없어서 집 안에 틀어박혔다.

코로나 이전의 마을교육공동체는 더러 그 본질에서 이탈해 있었다. 지켜야 할 아이들을 찾아내기 어려웠고, 마을의 아이들을 성장시켜 도시로 보내는 역할을 한 셈이 되었다. 내부적으로는 정부 예산을 받다 보니 재정 의존도가 높아졌다. 마을교육공동체가 지속되려면 구성원들이 적어도 5년 이상 꾸준히 마을 안에서 활동해야 하는데 전월세 상승과 같은 불안정한 주거환경 때문에 삶의 터전을 옮겨야 하는 구성원들이 많다. 그중에 주거가 안정적인 사람이 열정적으로 공동체를 붙들고 있으면 그 공동체는 어느 정도 유지된다.

한편 지금과 같은 비상상황에서 가장 독립적으로 대처할 수 있는 곳은 대안학교들이다. 자립성, 대체 불가능한 교육, 성과와 목표지향보다 느끼고 깨우치는 교육, 구성원들의 민주적인 의사결정, 능동적인 참정권 등 대안학교의 특성은 마을교육공동체의 이상적인 모습을 보여주고 있다. 그러나 그간 기형적인 형태로 숫자만 늘려온 마을교육공동체가 이 모든 것을 하루아침에 이룰 수는 없는 일이다. 대안학교가 교육공동체로 자리를 잡기까지는 적어도 10년 이상의 정성어린 노력이 있었다.

어쩌면 상황은 좋아질지도 모른다

코로나로 인한 대규모 모임 금지, 거리두기와 같은 방역지침은 어쩌면 우리에게 교육을 비롯한 모든 활동의 전환을 꾀할 수 있는 기회가 될 수도 있다. 수백 명이 모여 집체교육을 받던 산업화 시대의 교육 방식을 억지로 끌어온 교육생태계가 이제는 소규모의 다양한 활동으로 전환할 수 있는 좋은 계기가 생겼다. 무한경쟁 사회에서 마을공동체가 생존할 수 있는 길은 느슨한 연대와 다양성을 보장하는 것이며, 돌봄과 살림의 역할을 우선하는 것이다.

다양한 사람들이 각자의 취향을 존중받을 수 있는 작은 공동체, 그 작은 공동체가 점이 되어 다른 공동체와 선으로 맞닿아 거대한 면을 이루는 것. 사회운동에서 네트워크의 역할을 애기할 때마다 나오는 '점·선·면의 원칙'은 변하지 않았다. 다만 그 점이 조금 더 작아도 괜찮다는 당위성을 전염병의 유행 때문에 얻었다. 사람들이 느끼는 외로움이 커지면서 사람을 만나 해결하고 싶다는 절실한 마음도 커졌다.

전염병의 유무를 떠나, 우리의 교육환경은 국가경제의 성장에 비해 지나치게 뒤떨어져 있었다. 약한 사람과 느린 사람, 소수자를 보호하지 못하던 국가교육은 전염병 유행 시기를 맞아 그 어느 때보다 자주 사람들의 입에 오르내린다. 얼마나 우리 사회가 학교에 아이들 교육과 돌봄을 의존하고 있었는지도 새삼 확인하고 있다. 그동안 교육문제를 방관하던 시민들도 교육의 나아갈 길을 고민하기 시작했다. 대량생산 방식에 맞춰진 공교육이 다양성을 존중하는 소규모 교육으로 대체될 필요가 있다는 의견은 여러 곳에서 나오고 있다.

현실적으로 마을교육공동체의 자본 독립은 무리일 수 있다. 외연을 넓히는 과정에서 지나친 독립성을 추구하다가 실패할 가능성도 높다. 가장 많은 예산과 가장 풍부한 인재를 확보할 수 있는 국가와 정부기관이 돌봄과 살림, 가르침과 배움의 영역을 각자도생에 맡기다시피 하고 있는 지금, 마을교육공동체가 다시 일어서야 할 때다. 그 어느 때보다도 마을은 작은 공동체를 환영할 것이고, 그것이 상황을 더 좋게 만들 것이다. 상황이 좋아지면 만나자는 말은 요원하다. 만나서 상황을 전환시키는 것이 훨씬 현명한 방법일 것이다.

(vol. 131, 2020. 9-10)